家族考

ヒトが少しでも幸せに、
継続的に存続する
動物となるために

【家族の500万年史】

松葉知幸……著
Tomoyuki Matsuba

◉清風堂書店◉

はじめに

人間は社会的動物であるといわれています。社会的という言葉は大変幅が広く、使う人によって説明の仕方が異なります。私は、抽象性の高い社会という用語を避けて群れを作る動物と呼びたいと思います。人間はホモ・サピエンスという動物の種ですが、種として存続するために群れを作るようになっているのです。そしてどんな構造がその群れにあるのかは、その動物の環世界との関係で決まります。ですから環世界の変化とともに構造も変化します。環世界の変化に構造をうまく対応させることができなければその動物の種は滅びます。人間は様々な構造を群れの中で作り上げていますが、そうした構造の基礎となる最小単位が家族です。少なくともこれまでは家族を作りそこで子供が生まれることで、種が続いてきました。そう考えると現在の非婚の増加、離婚の増加、少子化などの状況は、善悪や当否の問題ではなく、群れの構造の変化の兆しと考えられるのです。そこで、そもそも家族とは何か、どのような環世界の中で成立し、どのような環世界の変化の影響を受けてきたのか、現在の変化は何によって起こっているのかを考えたのが家族考です。家族考の基になっている人間の環世界については環世界考で私の考えを述べています。環世界という発想の中に家族という問題を置いてみることで、家族は500万年前に遡ることになりました。また現在の環世界の変化を考えると、資本主義という経済構造を考えなければならなくなりました。法人考や格差考はその過程で生まれたものです。この本で狩猟革命、農業革命、資本革命と呼んだ区分は人間の環世界の変化の区分を表わしたものなのです。

この本の内容は、様々な科学的知見を根拠にしてはいますが、知見自体が刻々変化していますし、私の理解が誤っているところもあると思います。そういう意味ではこの本の内容は私見であり、仮説にすぎません。しかし、本当に伝えたいのは、ヒトが動物の一種だという視点を正面から追求することです。私の言う環世界の二次環境で生まれた不可知世界の権威に依拠することなく、動物としての人間を考えてみることです。考えること自体が言語に依拠しており、言語化されたイメージを目的としていますから、本質的自己撞着の中での行為であるために限界もあります。それを自覚しつつ、考えを続ける中で自覚させられたのは、私を含め人間は圧倒的に動物性に支配されているということです。そこでは、「不可知世界の権威」と「普遍的、合理的な科学的精神」との対立も、ともに人間は常に「依拠するもの」「拠り所」（前著で「寄る辺」と呼んだもの）を必要としていると考えることで、単純な二項対立ではなくなると考えたのが「ドーキンス考」です。そのような視点でこの本を読んでいただくと、少しは抵抗も少なくなるのではないかと思います。

家族考【家族の500万年史】

目次

第1章

家族考

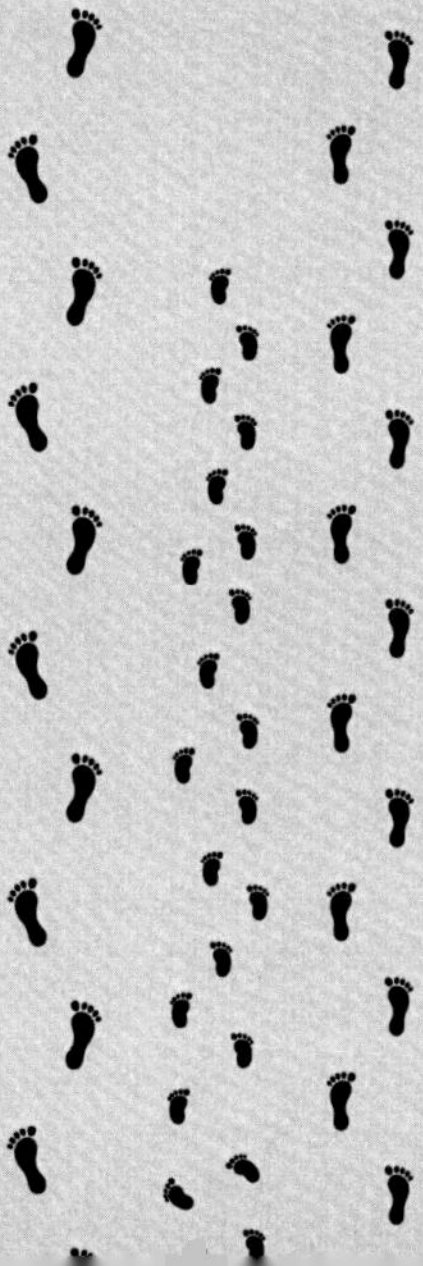

第1節　家族の歴史

1　家族を考える視点

家族という言葉は、多くの場面で使われ、意味内容も様々です。学問の世界でも、社会学、心理学、経済学、法学、人類学、哲学、宗教学など様々な分野で議論されています。私は、人間の家族を、動物一般の行動の仕組み、とりわけ個体保持行動と種族保存行動の視点から、その起源と変遷を考えることができると思っています。

約38億年前に地球上で原始的な生命が誕生し、多様な変化をしながらも、連綿と命を繋いできて現在があります。人間もその命のつながりの中にあります。そして、こうした命のつながりの過程で、なぜ植物、動物が分かれ、こんなにも多様な動植物がこれまで存在したのか不思議です。それを説明しようとするのが、いわゆる広義の進化論です。また、そうした変化を直接引き起こす生命の設計図として、遺伝子の研究があります。さらにそうした変化の原因、きっかけについて生物学、進化人類学、分子生物学など多方面からの研究がなされています。いずれの研究も、生物、動物は変化しながらも命を繋いできたということを大前提としています。そうであれば、人間も、何らかの要因で変化しながらも命を繋いできた生物の一種と考えなければなりません。

更に本質的なことを言えば、私達は、どうしても動物を個体ごとに見る癖がついています。個体の一生を足し算してその動物の種を考えています。群れも個体の集団と考えています。そう考えるのは、その動物種を現在時点の切断面で見ているからです。しかし、実は、動物を時間軸に沿った存在と見ることができます。生命体は、時間軸を無視した時間の切片に存在するのではなく、時間軸を含めた存在だと理解すべきなのです。進化論の説明で、系統樹という図が使われます。幹や枝の長さは時間軸を表わしています。系統樹の先端まで達しているのは現存している生物で、途中で止まっているのは絶滅種です。この系統樹は全てが繋がっているので、この樹自体が時の流れを要素として組み込んだ一つの生命体と考えることもできるのです。私はこれを生命樹と呼びたいと思っています。そこまで全体を一つと見なくても、少なくとも枝の一本、つまりある動物の種を一つの生命体と見ることができるのです。リチャード・ドーキンスは、個体は遺伝子の乗り物だ、と述べていますが、遺伝子という生命の設計情報自体を生命体と考えているのかもしれません。こうした見方に立つと、生命とは、必ず起こる様々な環境の変化に対応するために、頻繁に設計図の変異を起こすことで、環境の変化に対応する確率を維持しながら、生命現象を持続する仕組みで成り立っていると考えられます。個体を個体と見るのは動物種と異なり寿命があるからですが、ある動物種を一つの生命体と見れば、個体に寿命がなければ、自然環境の変化には対応できず、環境変化によってたやすくその動物種は断絶してしまいます。変異を頻繁に起こし、環境変化に備えることで、いざ環境変化が起こった時に対応できる確率が高くなるのです。また個体に寿命がなければ、食料をはじめとする生存資源が有限であることが制約となって、その動物種は繁栄しません。エントロピーの議論に入るまでもなく、種として存続するために、変異を継続的に起こすことが必要だからこそ個体の寿命は存在すると考えられるのです。

では。生命体はどうやって遺伝子を変異させ、設計図の多様性を作り出しているのでしょうか。遺伝子は個体の中で変化することはまずありません。変化するのは、細胞分裂に伴う遺伝子の複製ができる時や異なる遺伝子同士が接合によって新たな遺伝子を作る時です。遺伝子の変異原因は様々ですが、無性生殖をする動物、例えば細胞分裂で繁殖する単細胞生物は、細胞分裂に伴って遺伝子の複製が作られます。その過程で異なる部分ができる可能性はあるのですが、その確率はそう高くはないのです。そこで、細胞分裂や繁殖の頻度を増やし、寿命を短くし、個体数を増やすことなどの方法でトータルとして変異の確率を上げて、環境変化に対応しています。大腸菌は、環境さえ整えば20分に一回という短時間に細胞分裂を繰り返します。一日に2の72乗の個体数になるのです。あっという間に天文学的な個体数になります。変異が起こる確率の低さに対して分裂回数と個体数を増やすことで多様性を高める戦略をとっているのです。細胞分裂で繁殖する大腸菌では、二つになった細胞の親子関係を判断できませんし、個体の寿命を観念することもできません。

一方有性生殖をする動物は、配偶子を作るにあたって染色体の減数分裂を必要とし、異なる配偶子が接合することが必要になるなど、無性生殖より複雑でエネルギーコストのかかる方法をとっています。繁殖にとってマイナス面があるのです。しかし、親子では確実に半分の遺伝子が異なることになり、また、この減数分裂や接合の過程で変異が起こる確率も高くなりますから、多様性が生まれやすくなります。有性生殖は遺伝子の変化、つまり多様性を獲得することで環境変化に対応する準備を繰り返していると考えられるのです。有性生殖の多くは、いわゆる両性生殖です。サイズなどが異なる雌雄の配偶子を接合させることで生命を繋いでゆく戦略です。

ところで、短期間に大きな環境変化が起こると、遺伝子の変異では適応できなくなり、その動物種は滅ぶことになります。しかし、生命樹の発想からは、もう一つの種族保存戦略があると考えられます。それは、必ずしも環境との関係で最適解ではない遺伝子変化をした動物種を常に存在させるという戦略です。つまり、遺伝子の変化を基に多様な変化をした動物の内、よほどその時の環境に適応できない場合を除いて、様々な変化をした生物が、自然の許容度の中で生存していくという方法です。その時の環境に最もうまく適応する最適解の変化をした動物種は、その環境の中では大繁栄できるのですが、適合しすぎることで、環境変化への対応が困難となるのです。最適解でなくとも様々に変異した動物が生存を許されているのは、急激な環境変化によって多くの繁栄していた動物が絶滅に追いやられる事態が起こっても、自然の許容度の範囲内で細々と生存していた動物が生き残ることで、生命樹の視点からは生命体は存続してゆくことになるのです。人間も最適解の変化で生存してきた動物ではなく、今のところ生存が許されている動物なのかもしれないのです。ところが人間は、後にふれますが、独特の環世界、つまり二次環境を持つことで大繁栄をしつつあるかなり特殊な動物なのだと私は考えています。

次に、種が存続してゆくために、個々の動物はどのような行動をとっているのかを考えます。動物は必ず食料を得て個体を成長させ、維持し、成体が繁殖行動をすることで子孫を残す、という行動を繰り返しています。両性生殖をする動物では、大きな配偶子つまり卵子を持つ雌と、小さな配偶子である精子を持つ雄とが、繁殖行動によって配偶子を接合させることで次の世代の個体が発生します。その繰り返しが個々の動物の行動の全て、一生と言ってもいいのです。枝葉末節を取り払い、幹だけを説明するとすれば、動物の行動は、個体保持行動と種族保存行動で成り立っています。個体保持行動は、食料獲得行動と危険回避行動で成り立っています。種族保存行動は、私の理解では、出会い行動、繁殖行動、保育行動に大別できます。そして、動物の種類によっては、個体保持行動や種族保存行動を、群れを作ることでより効果的に達成しようとしています。そうした動物では、群れる行動も基本的行動と考えなければなりません。人間も群れを作り、群れの中で個体保持行動と種族保存行動を続けてきている動物なのです。自然の許容度の範囲内で、これらの行動がうまく機能することが、種という生命体が存続する仕組みなのです。

動物のこうした全ての行動の基本にあるのは食料の獲得です。その動物が生存する生態系の中で、食料を得ることができるかどうかによって、その動物が存続できるかどうかが決まります。自然環境などの変化によって生態系は変化しますから、その変化に応じて、食料の種類やその獲得方法も変化します。うまく変化に対応できなかった動物の種は絶滅します。このように考えると、動物の種の変化、いわゆる進化の分岐点は、自然環境の変化、食料の種類と獲得方法の変化が基本的な要素となっていることになります。食料を獲得して個体保持ができて初めて種族保存行動も可能となります。つまり、動物の進化の最も基本的な仕組みは、自然環境の変化、食料の種類と獲得方法の変化、種族保存行動の変化の連鎖的変化なのです。食料問題が種族保存行動の在り方に深くかかわっているのです。両性生殖をする動物の種族保存行動は、出会い行動、繁殖行動、保育行動ですから、食料問題はこれらの行動を変化させ、その動物種に特有の行動を生み出すのです。ところで、主に両性生殖をする動物の雌雄の関係性に関する研究で配偶システムと呼ばれている研究分野があります。そこでは、子孫を残していくために雌雄がどのような行動をとり、どのような関係を作っているのかが研究されています。ある動物がどのような雌雄の関係性を構築するのかは、その前提となる個体保持行動の在り方さらには自然環境を含む生態系の変化によって決まってきます。そうした理解を基にすると、人間の家族を考えるには、配偶システムという議論とともに、個体保持行動の変化、特に食料の種類と獲得方法の変化をまず検討する必要があるのです。

そこで、人間という種が生まれた時に遡って、どのような自然環境の変化で、どのような食料の種類とその獲得方法の変化があったのか、それがヒト属（ホモ属）の成立にどう関係したのか、そうした変化が種族保存行動にどのような変化をもたらしたのかを問うことが、人間の配偶システム、つまり家族を考える視点となります。

界、門、綱、目、科、属、種という比較的古典的な分類に従うとすると、人間は、動物界、脊索動物門、哺乳綱、霊長目（サル目）、ヒト科、ヒト属（ホモ属）、ヒト（種名、ホモ・サピエンス）となります。類人猿という言葉は分類学上の言葉ではありませんが、ここでは、ヒト科に属するヒト属以外の属を指す言葉として使います。ヒト科にはオランウータン属、ゴリラ属、チンパンジー属、それとヒト属の4属が含まれています。類人猿とヒト属ということです。ヒト属には、ネアンデルタール人（ホモ・ネアンデルターレンシス）やハイデルベルグ人（ホモ・ハイデルベルゲンシス）、ホモ・エレクトスなどのいくつもの種が含まれます。これからも考古学などの新たな成果によって、新しいヒト属の種が発見されるかもしれませんが、いずれにしても現存する種はヒト（ホモ・サピエンス）のみです。そこで、ヒト属のすでに絶滅した種をまとめて旧人類と呼び、ホモ・サピエンスをヒトと表記します。

ヒト属の祖先と類人猿の祖先が分かれたのは、おおよそ、オランウータン属は1400万年前、ゴリラ属が1000万年前、チンパンジー属が500万年前とされています。分類学の基本である分類つまり区分を何によって判断するかが一義的に決まってはいないようなので、何に着目して類人猿とヒト属の分岐点と考えるのかも議論があります。遺伝子の相違を基準にできそうですが、様々なバリエーションがあり容易ではありません。もともと分類という行為は、人間が生物を理解するために人為的に線引きをする作業なので、分類の基準はその分類が有意義かどうかにかかっているのです。そして、有性生殖をする動物では子孫が生まれるかどうかを基準に種を区別することが多いようです。しかし、ヒト属の祖先と類人猿の祖先とが分岐した何百万年も前の交配可能性は不明としか言いようがありません。そこで、ここでは、比較的異論の少ない形態上の区分つまり直立二足歩行の有無を基準とすることにします。実はこの区分基準が結果としてヒト属の理解に大いに役立つことになるのです。

こうした前提を基に、ヒト属の配偶システムがどのようになったのかを物語ってみます。

2　ヒト属の成立と狩猟革命

ヒト属の成立を、チンパンジー属との分岐でもある約500万年前とすると、ヒト属は500万年前に直立二足歩行を獲得し始めたことになります。そうすると、このころに直立二足歩行を始めることが種の存続にとって有利になる環境変化、生態系の変化があったことになります。ヒト属の祖先やチンパンジー属の祖先が生存していた環境を、現在の類人猿が生存している環境に類した状況だったと仮定すると、いわゆる森林、それも比較的植物や小動物が豊富な熱帯ないし温帯性の森林ということになります。類人猿は森林で様々な果実、草木の葉や芽を採集という方法で獲得して個体保持を果たしています。昆虫や小動物も対象となっていますが、いわゆる狩猟は行っていません。採集という食料獲得方法は、対象が動かない植物か比較的動きの少ない小動物を、わずかな行動で獲得できる場合に成り立つ方法です。ヒト科の動物はいずれも大型の哺乳類ですから、個体が成長し、生存するために多くの食料を必要とします。そうすると、ヒト属の祖先は、多くの食料が採集によって、つまり比較的容易に得られる環境に生存していたことになります。現在のチンパンジーの生存する環境は、植物性の食料や昆虫などが採集によって得られるアフリカ大陸の温暖・湿潤な森林です。同様の環境がヒト属と類人猿の祖先が生活していた環境と考えると、その環境が変化しなければ、類人猿の祖先とヒト属の祖先は分岐しなかったはずです。つまり、500万年前にそうした環境変化が起こり、それによって分岐が始まりヒト属の祖先が誕生したということになります。つまり、食料が豊かな森林環境が変化し、直立二足歩行が食料獲得に有利な状況が生じたということになります。

ヒトの誕生については通説となっているアフリカ単一起源説に立って考えることにします。ヒト属はアフリカ大陸で発生し、様々な種が生まれ、そのいくつかの種はアフリカ大陸を出てユーラシア大陸に進出していきました。出アフリカと呼びます。ヒトは20万年から30万年前に成立した最も新参者のヒト属の種です。この考えはミトコンドリアＤＮＡを利用した研究、いわゆるミトコンドリア・イヴ説を基にしています。ヒトも10万年ほど前から何回も出アフリカをして、南極大陸を除く全世界に拡散していきました。

ヒト属成立の原因については、アフリカ東部で始まった大地溝帯形成を原因だとする説があります。ヒト属が生まれたアフリカ大陸では１０００万年ほど前から東部地域で南北に大地溝帯の形成が始まりました。それによってそれまで湿潤だった東部に乾燥地域が生まれサバンナや砂漠が形成されてきました。大地溝帯形成や気候変動は仮説ではなく定説と言ってもいいようです。もちろんその長い期間の気候変動については、まだはっきりはしていませんが、地球規模での寒冷化や温暖化が何回も繰り返されていますから、森林減少と拡大も何回も繰り返されたはずです。その過程で何回かヒト属と類人猿の分岐が起こったとも考えられます。旧人類は何回も生まれたと考えられるのです。もっとも旧人類のどのような種からヒトが分岐したのかは明らかではありません。しかし、ヒト属の祖先である旧人類は、森林が減少し、森林での生活から草原や平原での生活を次第に余儀なくされたことで、直立二足歩行を獲得するようになったと考えられるのです。最近は森林生活をしていた旧人類や乾燥化していない地域での古い旧人類が発見されて、大地溝帯の形成を契機とした乾燥化をヒト属発生の原因とする説に異論も出ています。しかし、これらの説では直立二足歩行獲得を説明できないだけでなく、繰り返しの環境変化により旧人類は何回も類人猿から分岐したとすると、森林地域で旧人類が発見されたとしても、大地溝帯形成説を否定する理由にはならないと思います。自然環境の変化がなければ種の分岐はなかったはずですし、ヒト属の成立は、大地溝帯形成を契機とする気候変動が原因だとする考えがやはり有力だと思います。単純な因果関係ではないとしても、森林の減少がヒト属の成立に大いに関係していると考えられるのです。

乾燥化は森林の減少をもたらします。ヒト属や類人猿の祖先が生活していた森林の減少は、食料獲得に影響を与えます。それまでの生活環境であった、食料となる果実や植物、昆虫などが豊富な森林が減少すると、新たな種類の食料を森林外の土地に求める必要が生まれます。草原や平原には、果実などは乏しく、様々な動物を食料の対象に加える必要が生まれます。そのような食料の種類の変化に応じて、食料獲得行動も変化したと考えられるのです。食料獲得行動の変化に対応する身体の変化が直立二足歩行の獲得だったのです。

そして、直立二足歩行は、類人猿、特にチンパンジーのような体形から比較的少ない変化で達成できます。また、直立して視点が高くなる変化は森林では特に有利な変化とはなりませんが、草原などの平坦な地形では有利な体形変化です。直立二足歩行の体形は、森林での生活には不向きで、踵や土踏まずの発達は明らかに平坦な土地を直立して移動する場合に役立つ形態です。森林以外の環境、主に草原など平坦な地形に生息する動物等が新たに食料の対象に加わると、それらは採集という方法では得られません。そこで、ヒト属の祖先は、新たに狩猟という食料獲得方法を獲得したのです。直立二足歩行は食料の種類の変化とその獲得方法の変化とあいまって成立していったのです。５００万年という長い期間の過程でいくつものヒト属の種、旧人類が生まれ、環境変化に適応が十分できなかった種は絶滅していきました。ヒト（ホモ・サピエンス）が生まれてからは、ヒトによって滅ぼされた旧人類もいるかもしれません。

環境変化に応じて食料確保のために獲得した直立二足歩行は、多くの変化をヒト属にもたらしました。体形の変化によって、前肢が自由になり、器用な動作が可能な手となりました。肉食動物のような瞬発力や高速の走力はないものの、長距離ランナーになりました。頭部が脊椎、頸椎で真下から支えられる構造になることで大きな頭蓋を持つことが可能となり、脳の発達が加速しました。直立がもたらした口腔や咽喉の変化は発声の自由度を高めました。脳の発達は自由度の高い手とともに道具の使用をもたらし、さらに、脳の発達は、ヒトの抽象化能力を高度化させ、発声器官の発達とともに言語を成立させました。言語の獲得は群れ・集団内の情報伝達を促進し、集団での狩猟にも大きく寄与します。こうしたいくつもの変化によって、ヒト属は狩猟という食料獲得方法を次第に身につけていったのです。動物の個体保持行動の目的は食料の確保が中心ですから、直立二足歩行とそれに伴う様々な変化は、ヒト属の成立と表裏の関係で、採集行動から狩猟採集行動へという大きな変化をヒト属にもたらしたのです。この変化を「狩猟革命」と呼ぶことにします。

採集という食料獲得状態は、未成熟な子供を除いて、個々の個体がそれぞれ食料を採集することで成り立つ状態です。集団の組織的な行動で食料を獲得するものではありません。原則として他の個体から食料を配分してもらう必要もありません。もっとも、群れの形成強化等の効果を持つ行動として、群れの中で食料の分配が行われることはあったと思います。しかし、採集という食料獲得状態における食料分配行動は、未成熟の個体への保育行動以外は、個体保持以外の目的たとえば優越的地位の誇示等で行われ、個体保持のための主たる食料獲得手段ではなかったと思います。しかも、群れの規模にも関係しますが、食料採集の地域、テリトリーはある程度限定されていたと考えられ、個々の個体が採集によって他の個体の分までの食料を得ることが原則だったとは考えられないのです。しかし食料確保のために狩猟が必要となると、獲物を追って広範囲を移動する必要が生まれます。また、狩猟に適した牙や爪、攻撃能力を持たない以上、ある程度大きな動物を獲得するには集団で行動することが必要となります。つまり、ヒト属にとって狩猟は採集と比べると、肉体的負担が大きく、大きな獲物を求める場合は組織的集団行動が必要な食料獲得方法なのです。狩猟革命は、ヒト属の成立つまり直立二足歩行の獲得、および組織的集団による食料獲得手段の成立と一体の関係で起こった革命なのです。もちろん採集に加えて狩猟が始まったのです。個体保持行動の起点にある食料獲得が、集団的組織的行動によって行われる必要が増大するということは、その集団の仕組みや情報伝達にも変化をもたらすだけでなく、食料の配分という行為が恒常的に行われることを意味します。狩猟で獲得した食料は狩猟を実行した者達から集団内に配分されなければ集団は成り立ちません。食料の群れの中での分配という行動は、ヒト属の成立とともに始まったのです。

次に、直立二足歩行、そして狩猟革命は、ヒト属の種族保存行動にも大きな変化をもたらしました。直立によって上半身、内臓を支えるために骨盤が変化し、内臓を受け止める形状になりました。その結果、出産は難産になり、子供をより未熟な状態で分娩することになりました。未熟な子供を長期間、多大のエネルギーをかけて保育する必要が生まれたのです。これらは、動物の種族保存行動としては一見不利な変化ですが、結果としては、脳の発達とともに、長い成長期間中に広義の学習が可能となったことで、ヒト属の発展に寄与することになったのです。つまり、脳の発達による抽象化能力に支えられた言語やヒト属特有の環世界(注1)を生み出すことを可能にしたのです。未成熟の期間が長いということによって長期間の学習行動が可能となったのです。しかし、より未成熟な子供を産み、長期間の哺乳と保育が必要となったことは、ヒト属の個体保持や種族保存行動を変化させることになりました。両性生殖をする動物の繁殖戦略は、多数の受精卵を作り、そのごく一部が生き延びて成体になり次の繁殖行動をするという戦略と、少数の受精卵から少数の子供を作り、それを手間暇かけて保育し成長させる戦略があります。前者の一例として鮭を取り上げます。鮭は海で成体になり、生まれた川に戻って遡上し、そこで産卵、放精という体外受精によって多くの受精卵を作ります。成体は雌雄ともそこで死にます。受精卵は自力で孵化し稚魚となり、川を下って海で回遊をしながら成長します。多くの受精卵の内成体となって川を遡上し繁殖行動に至るのはほんのわずかです。種族保存行動についての私の区分で言えば、川を一斉に遡上する行動が出会い行動であり、体外受精をする行動が繁殖行動ということになりますが、雌雄のつがいはなく、保育行動もありません。後者の少数精鋭戦略の例として類人猿を取り上げてみます。チンパンジーは、一定の食料確保のための縄張りをつくり、そこで採集できる食料で集団生活をしています。チンパンジーにもいわゆる雌雄のつがいはなく、発情期になると、乱婚状態となり、多くの雌が妊娠し、出産をします。配偶システムとしては乱婚型と分類されています。父子関係は不明確ですが母子関係は明確です。子供は母親からの哺乳で成長し、数年の内に自分で食料採集をするようになります。性成熟には10年ほど必要です。群れで生活し、発情期があることが出会い行動の中身ということですが、子供の成育にとっては、出産後、長期間の母子関係が重要となり、哺乳期間も含めた保育行動が長期間続くのです。少数精鋭主義の繁殖戦略にとっては保育行動が極めて重要になるのです。また、オランウータン属は、通常複数の雌とその子供達によって群れが形成されています。雄はほとんど単独行動で、発情期になると雌達の群れに雄が加わり、繁殖行動が起こります。雌雄の継続的なつがいは認められず、出産、保育は主に雌の群れの中で行われるそうです。ゴリラ属は、一頭の雄とその雄と継続的関係のある複数の雌とその子供達で群れが形成されています。いわゆるハーレム型の家族です。このように類人猿の配偶システムは様々ですが、その違いの原因はまだはっきりしないようです。ただ、いずれも未熟な子供を出産し、哺乳をするとともに成長期間の保育が必要という特徴があります。ヒト属の祖先も、採集によって食料が得られる生態系に生存していたとすれば、分岐時期が近いチンパンジーと同様の配偶システムを持っていたのではないでしょうか。

注1　環世界とは、動物と環境との関係を、その動物の視点から把握する概念です。私は、人間の環世界と他の動物の環世界とが異なっているのは、人間の環世界が二重構造になっている点だと考えています。別稿「環世界考」に詳述します。

3　家族の形成

狩猟という食料獲得方法は、集団的行動を発達させましたが、それはヒト属の群れの規模や、その構成員相互の関係、組織の仕組みにも影響を与えることになります。採集による食料と狩猟による食料との比率の変化にもよりますが、直立二足歩行で移動できる範囲がいわゆるテリトリーの上限になります。その範囲内で得られる食料の量によって、群れの規模も規定されます。前述したように、それぞれの個体が自らの食料を獲得する採集と比べると、ヒト属の狩猟は、初歩的な状況では単独ないし少人数の行為だったかもしれませんが、森林減少が続き、平地での狩猟が増え、獲物が大型化すればするほど組織的集団的行為となっていきます。そうなると、狩猟によって得た食料は集団内で何らかの仕組みで配分される必要があります。食料獲得に占める狩猟の割合が増えるにつれ、集団内の仕組みも変化していったはずです。必要な食料を採集だけで得ることができるうちは、個々の個体は自己の必要な量を自ら採集すればいいのですから、少なくともテリトリーの確保と繁殖行動以外では、雌雄の役割分担は見られなかったはずですし、食料配分の必要性も乏しかったのです。狩猟革命は集団内に役割分担と食料の配分という仕組みをもたらしたのです。

ヒト属は、チンパンジーよりも一層未成熟な子供を出産します。そのため、雌は妊娠、出産、哺乳さらには保育という、動物の種の中でも最も大きな負担を負うことになりました。ヒト属の種族保存行動がうまく機能するために、他の動物以上に長期間十分な食料が雌に確保される必要が生じたのです。そこで、繁殖行動時以外の雄は狩猟を行い、採集だけでは不足する食料を雌及び子供のために確保する行動をとるようになったと考えられるのです。しかも、子供の成長期間は何年にも及びますから、その間の食料の継続的確保はその集団の存続にとっての最重要課題です。その課題を解決する方法として、ヒト属がとるようになった仕組みが、雌雄の継続的つがいという配偶システムだったのです。そう考える理由の主な点は、雌雄の身体的差異と種族保存行動における負担の差異です。雌雄の体力の差異は、類人猿でも見られますが、その差はチンパンジー、ヒト属、ゴリラの順に大きくなっています。ヒト属が元々チンパンジーと同じぐらいの雌雄差であったと仮定すると、ヒト属は狩猟革命を迎えたことで、雌雄の体格差、体力差が拡大したと考えられるのです。採集よりはるかに体力を必要とする狩猟が重要性を増すにつれて、もともと体力的に優位であった雄の体力、体格が増大して差異が広がったということでしょう。なにより、妊娠、出産、哺乳を担わない雄のほうが狩猟の役割を担うことが多かったために、その差は拡大したと考えられるのです。雌は、妊娠、出産、哺乳という直接的な負担とともに、保育についても相当の負担をしています。そうした雌に比べ、種族保存行動においては繁殖行動以外に雄の役割は少ないのです。雌雄の体格、体力の差は何のためにあるのかを考えると、それは種族保存の前提となる個体保持に寄与する役割、つまり、雌と子供の食料確保のためであったと考えられるのです。種族保存の基本は雌によって妊娠、出産、哺乳が達成されることですし、まずは母子が生存することが種族保存の最重要課題ですから、それに寄与する役割を雄は担うことになったのです。

ところで、子供の成育に労力をかける少数精鋭の種族保存行動をとる動物は、基本的に自らの遺伝子を受け継ぐ子供を保護しようとします。そうすることが結果的に種族保存に有効なのです。母子の遺伝的継続は出産によって明確ですから、雌が自己と自己の遺伝子を引き継ぐ子供のために、食料を確保してくれる雄を選択することがつがい形成の始まりと考えられます。つがい形成の選択権は雌にあったのではないかということです。一方、雄は雌との関係性を離れては、その子供が自己の遺伝子を引き継いでいるかどうかは分からない存在です。雄は特定の雌と継続的なつがいとなることで、その雌が生んだ子供が自分の子だと認識するようになり、自己の遺伝子継承のために、食料を確保するようになるのです。遺伝子レベルはともかくとして、ヒト属においては、父子関係は、継続的単婚であるつがい関係の形成によって生まれたともいえるのです。ゴリラは、他の雄を排除することで、複数の雌と継続的関係を維持しますから、その関係が維持される限りそれらの雌の子供は雄の子供として雄の保護を受けます。そこにも父子関係が認められますが、雌雄いずれも採集で食料を得ていますから、雄が食料を継続的に雌やその子供に与える必要はないのです。ゴリラのハーレムは、食料問題に起因する問題ではないのではないでしょうか。

家族という言葉が、雌雄の継続的つがいとその子供で構成される小集団を意味するならば、ヒト属は狩猟革命を迎えたことによって、家族という群れの基本構造を成立させたのです。前述のように類人猿にはこのような家族はありません。このような家族関係成立の理解は、現在の人間をイメージすると違和感を覚える人もいると思いますが、配偶システムに関する動物一般の雌雄関係を見ると、自然なことなのです。

さらに、ヒト属においては体格差以外に、継続的単婚を強化する形態上の変化、生物学的性差も生まれたと考えられます。種族保存行動の中の出会い行動を継続的なものにするため、直立したヒト属は体の正面に性的シンボルを発達させました。表情筋の発達によって様々な表情による情報発信が可能になりました。繁殖行動においては発情期を喪失させました。逆に言うと、いつでも発情しているのです。排卵期以外では妊娠は起こりませんが、繁殖行動だけは可能な状態になります。現在の人間の文化において性的情報があふれているのも、このようなつがい形成を促進する仕組みに由来していると思います。チンパンジーやゴリラの雌には乳首と乳腺はあり哺乳はそれで充分なのですが、ヒト属の雌には乳房が発達しました。また、粘膜が表に表れた口唇もヒト属特有です。体毛の減少もこうした変化と関係しているのではないでしょうか。「裸のサル」の著者デズモンド・モリスの発想を敷衍した考えです。類人猿のように発情期しか繁殖行動が見られないと、その他の期間は雌雄の関係性は希薄になります。通常、動物の発情期は、その動物が出産をし、子供が成長するのに必要な食料を得やすい時期に合わせて、受精する時期を定めるものです。親自身がやっと個体保持できるような季節、時期に子供を産むことは、子供の生存が危うくことになりますから、種の存続にとっては明らかに不利です。ヒト属が成立した頃にも、食料確保に適切な時期、季節の変動はあったと思われますが、そうした不利を克服するだけの有利さが発情期の喪失にあったと考えられるのです。それほど雌と子供への雄の継続的関与が重要だった、雄による食料供給が必要だったということなのです。

なお、群れる動物であるヒト属が作る集団の規模構造は、得られる食料によって大きく制約を受けますが、狩猟採集時代は100人前後が最大ではないかと思います。ヒトが安定的な社会関係を維持できる認知的限界は150人程度、あるいは100人から250人程度といわれています。ロビン・ダンパーが提唱したのでダンパー数と呼ばれています。ダンパー数の議論は、集団の規模を考える上で参考になります。狩猟採集時代の集団を100人前後が上限と考えた根拠の一つでもあります。ダンパー数の意味は、その数字の範囲内では、相互のコミュニケーションが継続できるということです。つまり、他の類人猿よりヒトの集団の規模が大きいということは、コミュニケーション能力の発達があったということになります。おそらく言語の獲得が大きな要因だと考えられます。チンパンジーの群れはもう少し小さいようですし、ゴリラはさらに少ないようです。そして、チンパンジーもゴリラも群れという集団の中には母子関係を中心とした関係性以外には特に重層的な構造はありません。しかし、ヒト属の群れは、家族という継続的最小集団の集合体として形成されるようになることで、群れの構造に二重性が生まれたと考えられます。ヒトは類人猿より高度な個体相互の関係を認識するようになり、より大きな規模で組織的集団的行動を可能にする能力も発達するようになったと考えられるのです。

　狩猟採集時代の特色について後の農業革命以降の時代との比較で、少し説明しておきます。ヒト属は５００万年前に類人猿の祖先から分岐し、狩猟採集によって食料を得る生活を約１万年前まで続けてきました。３万年前に滅んだネアンデルタール人を含め、旧人類は程度の違いこそあれ、全て狩猟採集生活でした。そして唯一生き残ったホモ・サピエンスが、約1万年前に生産という新しい食料獲得方法を開始したのです。いわゆる「農業革命」です。

狩猟革命は長い期間を俯瞰して確認できる変化です。ヒト属の成立は、アフリカにおける気候変動、乾燥期と湿潤期、寒冷期と温暖期などの繰り返しの中で、試行錯誤を重ねながら起こった変化です。採集によって食料獲得が容易になれば、一旦成立した狩猟採集が採集に戻り、単婚の継続的つがい関係も少なくなったでしょう。狩猟の比率が大きくなれば、再び雌雄のつがいが増えるということになったと思われます。ところで、採集状態も狩猟採集状態も、各個体や群れが必要とする食糧が獲得できれば、それ以上採集や狩猟行動は行われませんでした。それは、常時食料の余剰を持つ群れ、集団ではありません。そうした集団では、個体相互の力関係による群れの秩序、序列はあったとしても、いわゆる社会的格差は存在しませんでした。余剰がないということから、集団内には社会的格差が生まれなかったのです。また狩猟採集の不安定さとは、気候変動や狩猟時の天候、獲物となる動物の数や移動など、ヒトのコントロールが及ばない事情に支配されていることを意味します。そうした不安定な状況が社会的格差が生まれない主な原因です。狩猟採集は自然の恵みと気まぐれを受け入れることから始まるのです。そこにはヒトの手で自然に変更を加えたり、支配しようという発想は生まれません。ですから、自然や自然の中に存在する物や動植物に対して、ヒトが所有するといった考え方も生まれません。少なくとも、土地や自然に存在する物に対する私的所有という思想は、はるか後の余剰が生まれた時代以降の発想なのです。

なお、魚類などを獲得する漁労も狩猟の一つですが、アフリカにおけるヒト属の生活圏を考えると、出アフリカ以前には主要な食料獲得手段ではなかったと思われます。出アフリカの後に、様々な環境で食料を得るようになる中で、海岸や湖沼に近い生活圏で生活するようになった群れを中心に漁労が発達したと思うのです。

4　農業革命と家族

1　農業革命の始まり

長い狩猟採集時代を経て、1万5000年ないし1万年程前に、ヒト（ホモ・サピエンス）は食料獲得の方法として、植物栽培と動物飼育を始めました。食料「生産」の時代が始まったのです。ヒトの新しい食料獲得手段です。アルビン・トフラーは、著書「第三の波」で農耕の始まりを第一の波と呼び、農業革命と名付けています。「生産」には農耕だけでなく牧畜も含みますから、食料生産革命と呼んでもいいのですが、「生産」という新しい食料獲得手段の始まりを農業革命と呼んでおきます。

農耕、牧畜という食料獲得手段は、ヒト特有の手段です。ヒト属の種でもヒト以外には見られないと思います。ネアンデルタール人が農耕や牧畜をした形跡は報告されていません。

ヒトが農耕・牧畜を始めた原因は、「狩猟」という手段獲得の原因と同様に、やはり自然環境の変化とそれによる食料事情の変化が主要な要因だと考えられます。またそれに加えて、ヒトのいわゆる知能の発達が重要な要因です。生活環境の変化は、主に出アフリカがもたらしたものです。旧人類と同様に、ヒトも10万年程前から出アフリカを繰り返しました。そして、ヒトが世界中の様々な気候の地域に拡散した時期には、氷河期と間氷期、あるいは亜氷河期と亜間氷期が繰り返された時期です。こうした環境の変化は、食料獲得が困難な時期とやや容易な時期の繰り返しをもたらします。そうした環境変化が刺激となってヒトの知能、脳神経細胞群の活性化が加速したのです。こうした環境変化と知能の発達が初期的な農耕や牧畜を始める大きな要因だと考えられるのです。仮に生活圏の自然環境が動植物の豊かな環境であれば、狩猟採集で必要な食料が得られますから、食料の生産、農耕を始める必要はないのです。今でも熱帯雨林地域において狩猟採集民が存在するのも、食料の生産を必要としない環境で生存してきたからなのです。また、時期こそ違いますが、世界各地でそれぞれ独自の農耕牧畜が始まっているということは、世界各地に拡散したヒトの能力が、等しく農耕を始めるだけの程度に達していることを示しています。そして、それぞれの地域における環境変化によって食料を生産することが生存に必要・有利な状況が生まれたと考えられるのです。こうした状況は、農耕や牧畜が一部特定の地域だけにおいて始まり、それが世界各地に伝播したのではなく、時期こそ違え、それぞれの地域で独自の食料の「生産」が始まったことを示しています。後述する三内丸山遺跡や、旧大陸との交流なしに独自にトウモロコシやジャガイモの栽培を開始した中南米の古代文明などがその例です。特定の地域から各地に伝播して広がったのは、数千年前からであり、後に主要な「食糧」(主食になる食料)となる穀類などの一部の植物の農耕でした。「食糧」となった植物は、各地で栽培の対象となった様々な植物の中から、栽培が比較的容易で、収穫量が多く、保存しやすい植物が、その栽培方法つまり農耕の技術とともに各地に次第に広がったのです。特に小麦、米などの穀類は、栽培技術の進展もあって広範囲に拡散していきました。

食料の「生産」という行為の始まりは、ヒトの歴史において、500万年前の「狩猟」の開始に続く大きな食料獲得手段の変化です。これによって、ヒトの個体保持行動、種族保存行動が大きく変化し、ヒトの群れの構造にも大きな変化が生まれました。

食糧となった穀物の典型は、小麦・米ですが、小麦や米の農耕は水と肥沃な土壌のある大河の流域で発達しました。15世紀まで独自の文明を築いてきた中南米の地域では、トウモロコシと根菜類のジャガイモの栽培が農耕の中心となっています。しかし、特定の地域で農耕が始まった時代でも、狩猟採集がなくなったわけではありません。食料に占める食料獲得手段の割合の変化でした。1万年頃以降も、世界のほとんどの地域では相変わらず狩猟採集がむしろ中心的な食料獲得手段でした。一例ですが、約5900年前から4200年前の縄文時代の遺跡である三内丸山遺跡では、瓢箪、牛蒡、豆、栗などの栽培がなされていたことが判明しています。狩猟採集と漁労に加えて食料の生産が行われていたのです。この1万年間に、世界各地でそれぞれの気候風土にあった野生の種々の植物が栽培されるようになり、農耕という食料獲得行動自体はかなり広範囲の地域で始まっていたのです。

しかし、麦や米などのイネ科の穀物が栽培植物として広がってゆくと、1年で収穫できることや、その栄養価の高さ、収穫量の多さ、保存の容易さなどから「食糧」となっていったのです。日本においては、稲作の伝播・拡大をもとに縄文時代と弥生時代が区分されていますが、以前は、縄文時代は狩猟採集時代、弥生時代は農耕の時代と考えられていました。しかし、食料の生産は縄文時代の初期から始まっていたのです。そして、世界各地で、時期・年代こそ様々ですが、同様の変化が起こったのです。

農業革命以来、「食糧」の中心は、小麦、米、トウモロコシ、豆類となっていきました。先述のように、中南米原産で、中南米の古代文明を支えた食糧であるトウモロコシとジャガイモは、16世紀に西欧にもたらされ、現在では世界中で主要な「食糧」になっています。

2 農業革命による社会変化

農業革命がヒトの社会にもたらした変化の主要なものは、①定住と村落共同体の成立、②余剰の発生とそれによる社会的分業、階層化社会の誕生、③余剰による新たな価値つまり新たな欲求の発生です。

まず、定住と村落共同体の成立です。農業革命によってヒトは定住をするようになり、その結果村落共同体という集団組織が成立しました。農耕は、狩猟採集と比べて、耕作地との継続的関係が必要です。農耕は、将来の収穫を期待して行う行為です。今の飢えを満たすことが目的ではありません。半年あるいは1年を超える植物の発芽から収穫までの意味を理解することが必要です。植物の生態に対する理解が進み、今の飢えをしのぐという近視眼的行為でなく、長期にわたる営みが農耕には求められるのです。そしてその営みの対象は一定範囲の土地を対象とします。その結果、農業革命はヒトに定住的な生活をもたらしました。

特定の土地の管理支配が定住を促進するとともに、特定の土地に対する管理支配権という概念も生まれました。後の所有権という概念の萌芽です。また、長期間にわたる労力に見合う収穫が期待できること、その収穫が保存できることが農耕の発展には必要です。仮に年一回の収穫とすると、一年間の労力に見合う収穫量があること、そして収穫時に直ちに消費するのではなく相当期間保存ができることが求められるからです。こうした要素を備えた植物が農業革命を一層推し進めたのです。小麦や米、トウモロコシといった穀類が農耕の主要作物となったのは、こうした特徴を持っていたからなのです。

古代文明の遺構には、穀物を保存するための部屋や倉庫が発見されています。

農耕が広がると、その継続的営為を担う定住性の集団が形成されます。いわゆる村落共同体です。村落共同体という言葉については多方面からの研究がなされているようですが、ここでは、農耕という食料獲得手段を実行するために必要な継続的集団的営為を担うヒトの組織をさす言葉として使用します。その後、長くヒトの社会の中心的な社会構造となる村落共同体は、農耕という食糧獲得行動がもたらした新たな社会構造なのです。村落共同体は、農耕という食料獲得手段を維持するために、定住した者達の労働力を継続的に必要とするところから生まれたものなのです。生産力が高くない時代では、村落共同体の成人の労働力のほとんどが農耕に充てられました。

次に、余剰の発生と階層化社会の誕生です。農耕の生産効率が上昇すると村落共同体の規模も大きくなります。大きな組織になればなるほど、組織には組織として機能するための何らかの内部構造が生まれます。その構造が生まれてゆく過程は以下のような経過だと思います。狩猟採集時代は、個体保持、種族保存に必要な食料を、必要な時に必要なだけ獲得するという、いわば食料の余剰のない社会でした。群れ・集団の生存に必要な狩猟採集はするけれども、保存手段の未発達もあって、余剰を蓄えるための行動はほとんどなかったと考えられます。これはおよそヒト以外の全ての動物に当てはまります。飢えがなくなり、満腹になればどんな動物も食料獲得行動はしません。しかし、農業革命は、ヒトという動物に、食料の余剰という動物史上初めての状況をもたらしたのです。なお、ここでいう「余剰」という言葉は、不必要なものという否定的な意味合いで使っている訳ではありません。食料を生産するという行動を生み出したヒトが、より多くより安定した食料を得ようとした結果食料の余剰を持つようになったのです。余剰の発生は、食料生産に直接には携わらない者達が存在できる社会を生みます。食料の余剰があるということは、その集団に属する者が当面生存するに必要な食料の量を超える部分が存在するということを意味します。余剰を支配できれば、その者達は、生産に直接かかわらずに、生存できることになります。そうした状況が余剰の拡大とともにおこったのです。その結果、余剰をなんらかの形で支配できる者達はその集団の中で特別な存在になります。広義の支配者層の形成です。どのような者達が支配者層になったかを考えてみます。継続的な農業生産を維持発展させるには、土地の開墾、灌漑、季節や天候の変化等について知識を持ち、その植物の特徴、播種の時期、成育のための管理方法、収穫やその後の保存方法など多くの知識が必要です。しかもそれが継続的に世代を超えて承継維持される必要があります。そうした知識、技術を持ち生産物を保存管理する能力を持つ者は、集団の中の一部の者です。多くの知識が共有されたとしても、より正確な知識と理解力を持つ者は限られてきます。そうした者は集団の指導者となります。そもそも狩猟採集時代の集団においても、群れのリーダー的な存在(注2)は必ずいたと思われます。しかし農業革命以降は、こうしたリーダー的存在が、余剰の管理支配をするようになることで、社会的階層を生むことになったのです。

農耕のための知識や経験を蓄えた者達は、その集団のリーダーであり、農耕によって生まれた食料の余剰を管理する者達になります。農業革命は、農耕技術の進展に伴い、ますます食料の余剰を生み出し、集団を大きくしていきます。土地の境界や水の利用をめぐって集団相互の関係も複雑になっていきます。生産手段である土地の管理支配権やそれぞれが所持する余剰をめぐる軋轢や農耕地周辺の狩猟採集を専らとする集団、あるいは牧畜を主とする集団との交易とそれに伴う軋轢も生じるようになります。灌漑や土地管理の技術を保持継承し、他の集団との軋轢を解決することで、支配者層はより強固なものになります。農業革命がもたらした集団の巨大化は、そうした少数の生産手段支配者と村落共同体に属する圧倒的多数の生産従事者という階層化した社会構造を生み出すことで、農業という食料獲得手段を安定的に維持することになったのです。

また、余剰は、集団相互間の交換、互酬などを促進発達させ、いわゆる交易に従事する者の存在も生みました。食料生産ではなく余剰の交換などを専らとする者達が生まれたのです。さらに、日々食糧生産に従事する者達によって生み出される余剰を管理支配する者達は、その立場を一定の範囲で承継しようとします。余剰によって文明と呼ばれる状態が生まれる段階になると、生産手段を支配する者が、その地位を血縁的関係の中で継続させるようになり、後に王族や貴族と呼ばれる存在となったのです。こうした血縁関係を基に自らの地位や権力を承継させようという欲求は、基本的に動物としての欲求に基づいています。それは個体保持や集団内の優越的地位欲求(注3)を基にした欲求です。社会的階層は、こうした欲求を基に生まれるのです。

そして、余剰は新たな価値つまり欲求を生みました。余剰は余剰支配者とその他の者の間で格差を生みますが、格差は、ヒトの基本的欲求の一つである優越的地位欲求の対象となります。つまり、余剰を支配すれば、その余剰を利用することで他の者の労力を利用できることになり、更に余剰を増やすことができます。楽して生きていけるという立場になるわけです。その結果、余剰を持たない者は、余剰を持つことを求めるようになります。さらには、その欲求は余剰そのものというより、余剰の支配権を象徴する物、物品をも対象とするようになります。ヒト以外の動物にとってはまったく欲求の対象にならない様々な物品が欲求の対象となるのです。たとえば、金や銀、宝石、珍しい動物の毛皮、色鮮やかな鳥の羽等希少で目立つ物が、支配者層にとって他者より優越的地位にあることを示すものとして所持され、それらが、多くの者にとって欲求の対象になるのです。余剰の所持を象徴する物品が価値を持つのです。ヒトに最も近い類人猿にとって、金や宝石は欲求の対象になりませんが、ヒトにとっては欲求の対象つまり価値あるものになるのです。余剰はそれ自体が欲求の対象となるだけでなく、余剰を象徴する物、余剰の支配者を象徴する物などに欲求を拡大変化させることになったのです。さらに、余剰とその象徴物が価値つまり欲求の対象となると、集団間で余剰の生産手段である土地や余剰の象徴物をめぐって奪い合いが起こるようになります。いわゆる戦争の始まりと言ってもいいと思います。おそらく、狩猟採集時代には、縄張りをめぐる争いなどはあったでしょうが、奪うべき余剰を持っていない集団間では、戦争と呼ぶような状況は生まれなかったと考えられるのです。農業革命によって戦争も始まったのです。さらに、土地と住民とそれらの統治権を要件とするいわゆる国も形成されるようになりました。国の成り立ちをどう理解するかは多くの議論がありますが、少なくとも余剰が生んだ階層社会の成立と軌を一にすると考えられるのです。群れる欲求がヒトの環世界における二次環境の中で国を生んだという理解もできますが、群れる欲求は、個体と集団の関係、ヒトの組織とは何かといった難しい課題を考えることになりますから、ここでは省きます。

注2　ヒトの集団におけるリーダーには二種類の性格があると私は思っています。狩猟採集時代のヒトの集団においては、まず、集団での狩猟が効果的に行われるための知識経験を持ち、狩猟を指導する者がリーダーになります。もう一つの種類として、不可知な世界との交感能力のある者などがリーダーになったと思います。別稿「環世界考」で述

べるように、ヒトの環世界が二重構造になったことで生まれたリーダーです。ヒトは抽象化能力を発達させ、時間的にも空間的にもわからない世界、不可知世界があると考えるようになります。そして現実に起こっているものの、理由の分からない様々な出来事の原因を、そうした不可知世界に由来すると考えるようになるのです。数万年前のヒト（クロマニヨン人）は、死者の埋葬を行っていたとのことです。埋葬という行為は、ヒトが不可知世界を思う心がなければ生まれません。死後の世界を意識することによって、埋葬という行為が生まれるのです。そして、不可知世界から何らかの情報をもたらす者は、シャーマンであり、未知の新たな災厄への対処方針を決めることのできる者なのです。医者の起源でもあります。長い間ヒトは、雷も、天候不順も、更には病や死も、未知の世界の神、精霊に起因すると考えていました。今でもそうした発想は多く存在しています。不可知世界の中にある存在は、ヒトにとっては実在するものなのです。このように、食料獲得行動の指導者と、不可知世界との交感者（一種の聖職者）という2種類のリーダー（もちろん一人が両方を兼ねることもありうると思いますが）が存在するという構造が、狩猟採集時代のヒトの集団に生まれ、農業革命以降も、そうしたリーダーが余剰の管理支配者となることで、社会的階層が生まれたと考えられるのです。古代文明や古代国家において、支配者層の中に必ずシャーマン、神官、聖職者が含まれているのは、ヒトの集団の構造として必然ともいえることだと思うのです。抽象化能力の発達で得ることになった不可知世界は、ヒトの意識にとっては現に存在するものですから、ヒトの環境（環世界）を構成するものになります。北野天満宮は、菅原道真の鎮魂のために作られました。ヒト以外の動物の持たない環境ですが、その存在はヒトに様々な行動をもたらすことになるのです。今の言葉で言えばヴァーチャルな世界が、ヴァーチャルとしてではなく、あくまでリアルな世界となってヒトの行動を引き起こすのです。ヴァーチャルはヴァーチャルと認識しなければリアルなのです。

注3　優越的地位欲求…動物の行動は基本的に欲求に基づいて行われています。行動は、食料獲得や危険回避行動を含む個体保持行動と出会い行動、繁殖行動を中心とする種族保存行動で成り立っていますが、一部の動物では、個体保持と種族保存を効率よく達成するために群れを作る行動をとります。群れを作る欲求があるのです。ヒトも群れを作る動物ですから、群れから阻害されると個体保持も種族保存もできません。

群れを作る動物は、その群れの中で個々の個体が自らの遺伝子を残すために、個体保持と種族保存をより優位に行うことを目指します。群れの中での優越的立場に立つことは食料の獲得や繁殖行動にとって有利です。群れの中でのこうした欲求を、私は優越的地位欲求と呼んでいます。優越的地位欲求は二つの欲求を含んでいます。他より優位になりたいという欲求（優越欲求）と、優位な他者との格差をなくしたいという欲求（平等欲求）です。それぞれの個体は群れの中でこうした欲求を基に他者との関係を築いているのです。

3 家族と村落共同体

具体的生産を担う安定的な定住者の集団である村落共同体が維持されるには、その構成員がその集団の中で安定的な生活つまり個体保持と種族保存を維持することができなければなりません。構成員が安定しなければ集団も安定しないのは当然です。農耕は狩猟採集よりもはるかに継続性と計画性が求められる集団的行為ですから、それを担う村落共同体は、狩猟採集時代よりもはるかに継続的、安定的な組織的集団となることが必要です。そして、集団が継続的安定と組織的秩序を持つためには、狩猟採集時代に形成された家族という基本単位が安定的に継続される必要があるということになります。母子と、一対の雌雄の継続的関係を構成要素とする小集団、つまり家族は、村落共同体においても、その基本構造として機能することが必要だったのです。農耕を生産手段とするヒトの社会において、家族という小集団が村落共同体の構成要素として普遍的にみられるのは、それが農業を中心とする経済構造に適した集団の在り方だということを意味しています。前述したように、もともと家族は個々の個体にとって、個体保持と種族保存という基本的欲求を満たす仕組み、配偶システムとして狩猟採集時代に成立したものです。農業革命以降は、個々のヒトが食料を得て生存し（個体保持）、子孫を残してゆく（種族保持）という基本的欲求を満たしつつ、農耕という食料獲得手段を担う村落共同体が継続安定する仕組みとして、家族は位置づけられることになったのです。

このように、村落共同体の基礎単位となった家族が継続的に安定した仕組みになることは、農耕を継続するために大変重要なことです。そのため、家族成立のきっかけである「結婚」は、共同体にとっても有意義なことですから、それを維持・保護する仕組み、つまり共同体に組み込むための「儀礼」という制度になります。狩猟採集と農耕がその比重を変えていく時代の村落共同体は、登呂遺跡のような10戸内外の規模の集落が点在するとともに、ある程度の広範な地域にその地域の中心的な、少し大きな集落・村落共同体があるという状況だったと思います。家族の形成につながる出会い行動は、近親婚を避ける仕組みとしても、このある程度広範な地域内の交流の中で主に行われていたと思います。万葉集の時代に残っていた歌垣といった習俗も、家族形成のきっかけである出会い行動の一つとして、村落共同体の中で生まれた仕組み、儀礼の一つだと思います。歌垣は、収穫を祝う祝祭の場などでの男女の交流の場、出会い行動の場として、その地域の複数の村落共同体によって行われていたのではないでしょうか。さらに、結婚後のいわゆる不倫を非難する社会的意識の形成や、乱婚的な状況を排除する仕組みなどが村落共同体の中で強化されたと考えられます。家族の乱れは共同体にとっても好ましくない事態だからです。しかし、後の家制度や氏族といった血縁関係が継続的集団の構造となる以前は、かなり緩やかなものであったと思います。

4 氏族・家制度の発生

前述したように、村落共同体が継続性安定性を持つためには、それを構成する家族が、継続性安定性を持つことが必要です。古代から中世にかけて、そうした継続性安定性を保つ社会が長く続くことになりました。家族と村落共同体が何世代も続くことが農耕という食料生産には必要だったのです。しかし、家族という単位は、もともとそれほど継続性安定性を持つものではありません。狩猟採集時代から続く家族という小集団は、個々の雌雄とその子供という単位であり、家族の構成員の数は一桁にとどまります。家族自体は、動物としての寿命からみて長くても3世代のつながりで、それ自体では何世代もの安定的継続性は持ちません。雌雄の一方が死亡など何らかの事由で欠ければ、家族という仕組みは終わってしまいます。狩猟採集時代の家族は、それほど長く続く継続性は持ってなかったと考えられるのです。狩猟採集という食料獲得行動にとって、家族は、少なくとも何世代も続く集団である必要はなかったからです。しかし、農耕が活発になり発展するにつれて、その安定的継続が一層求められるようになります。その結果、本来世代を超える永続性には欠ける家族という小単位が、その限界を超えるための仕組みが発生することになりました。家族を拡張した集団の在り方は、動物の種族保存の基本欲求からすると、遺伝子の継承、つまりは血縁関係の継続を前提とした仕組みになることが有効です。抽象化能力の発達により、時間、時の流れを認識するようになったヒトは、目前の子供だけでなく、さらにその子孫をイメージできるようになり、血縁関係の拡大した概念を持つことができるようになりました。類人猿にはそうした概念はほとんどないと思います。自分の血のつながった子供、孫、まだ見ぬ曽孫、あるいは、遺伝子の一部を共通にする兄弟姉妹やその子供達といった血縁・血族を意識して集団を考えるようになったのです。家族を取り込みつつ、より拡張した集団の中で、農耕の生産手段たる土地や技術を承継してゆくことが種族保存という本能的欲求にも適っているのです。こうして、家族を含みかつそれを拡張した集団、血縁的集団が、農耕という生産手段を担う組織として成立することになったのです。つまり、狩猟採集時代に発生した家族は、農業革命の進展とともに、より大きな血縁・血族関係により構成される「家」あるいは「氏族」という集団組織に組み込まれたものとなっていくことになります。村落共同体はこうした血縁集団の複数の集まりという構造を持つことで、一層継続的な安定を保つことができるようになったのです。このような状況になった社会では、家族の始まりである雌雄のつがいの形成、つまり結婚は、個々の雌雄の行為にとどまらず、「家」「氏族」といった血縁集団に新たな家族を承認し、組み込む制度として重要性を増していったと考えられます。日本の江戸時代には後述の儒教思想の影響もあって、結婚はまさに家の儀式、家と家の関係を作る儀礼になっていきました。

なお、いわゆる支配層も、基本的欲求に従い、その立場を血縁関係の中で承継しようとします。支配層における「家」「氏族」の形成です。もっとも、こうした支配層にあっては、雌雄のつがいという家族の構成要素は、それほど重要でなかったのではないかと思います。余剰が多くなった社会の支配層は、いわば果実の豊富な森林に暮らす類人猿と同じですから、一夫多妻などゴリラ型の家族もあり得たのではないかと思われます。こうしたヒトの行動様式は、古代から近代にいたるまでの支配者層の「家」「氏族」の中にハーレム的仕組みがよく見られることからも明らかだと思います。社会的に優越的な地位を得た者が同様の行動原理、つまり動物としての行動原理に支配されているという例は今でも見られます。

このように、農業革命以降、農耕という経済行動が普及し発達していった社会においては、いずれの社会層においても、種族保存の欲求の結果、遺伝子の継続性のため、「家」「氏族」といった血縁関係に基づく集団が発生し定着していったと考えられるのです。

なお、婚姻という言葉は、主に社会的制度となった結婚の継続的状態を指すことが多いようです。その意味では、結婚は配偶システムとしての家族の発生当初からあるのですが、婚姻は農業革命以降ということになりそうです。つまり、雌雄のつがいの形成を結婚と呼ぶとすれば、結婚は狩猟革命をきっかけに成立したのですが、農業革命以降に階層化し様々な社会制度が形成される中で、結婚に社会的な位置づけを与えるようになったのです。制度に組み込まれた結婚を婚姻と呼ぶのです。

5 社会構造を支える思想

農業革命とその進展の結果生まれた、家族とその拡張集団としての血縁集団と、それらの集合体としての村落共同体という社会構造は、歴史時代にも引き継がれていきました。歴史時代、とりわけ古代の中央集権的な王朝の時代や封建制度の時代は、農業の生産性が向上し、また耕作地も拡大し人口も次第に増大していった時代です。この時代は、拡大した農業生産を担う人口の大部分は村落共同体に属していました。支配層と生産を担う層との分化、格差はより拡大固定化して、身分制度という仕組みも生み出されました。ここで言う身分とは、個々人の能力などの差異にかかわらず、一定の血縁集団等で世襲的に承継される社会的地位という意味です。身分制度とともに、そうした社会構造を強化、安定化する方向に発達していったのが古代文明の王朝やその後の封建時代の社会構造なのです。農業という生産手段は継続的安定性を持つ社会構造を必ず生み出すのです。蜂や蟻などの昆虫を含め集団の社会構造を持つ動物は少なくありません。そうした社会構造は、それぞれの動物の持つ生態系、特に食料獲得手段とそれによる個体保持、種族保存欲求の実現という、極めて動物的な根拠で生み出されています。ヒトの社会構造も基本は同じ原理からできていると考えるべきなのです。しかし、ヒトの社会の特徴は、ヒト特有の環世界の中で、他の動物にはない余剰が生み出した価値を求める行動を持つようになったことなのです。

そして、より高度化した農業という生産手段を基本とするヒトの社会においては、それに沿った考え方、社会思想も生まれました。たとえば、中国で生まれた儒教・儒学も、時代によって変化しつつもそうした社会構造、社会秩序を強固にすることに寄与した思想だと思います。儒教は、倫理、道徳、あるいは宗教など多くの要素を含んでいますが、その思想の基本には、階層化した社会構造・身分制度と生産手段を担う村落共同体やそれに含まれる家・氏族、さらにその構成要素である家族の継続的、安定的秩序を確立維持するという発想があります。孔子の生きた春秋時代にすでに伝説となりつつあった古代の周王朝の社会制度は、孔子によって、身分制度を含む階層化が秩序と安定をもたらした理想社会と解釈され、それをあるべき社会とする思想を生んだのです。礼記・大学の修身・斉家・治国・平天下という言葉はそれを表わしていると思います。儒教のこうした考え方が東アジアの諸国に大きな影響を与え、江戸時代までの日本においても主要な思想であったのは、農耕を基盤とする社会の構造に適していたからなのです。仏教やキリスト教においても、それらが大きな社会的影響力を持つ宗教的組織となり、国家やその時々の支配者層と密接な関係を持つようになると、その時代の身分制度を含む社会構造の安定に寄与する思想を提供するようになっています。もちろん、宗教の持つ個人の救済思想という側面は重要ですが、宗教的組織が社会的組織として位置づけを得る中で、多かれ少なかれその時代の経済構造、ここでは農耕社会の経済構造を支える思想を含むものになるのです。思想も宗教もそれが生まれた時代の社会構造や経済構造と無関係ではありません。そうした思想や宗教を肯定的に捉えるか否定的に捉えるかは別として、それらの内容は、それらが生まれた時代の状況に深く関係しているのです。後述の近代思想も例外ではないと考えられます。

農業生産を担う村落共同体を構成する人々が圧倒的多数を占める社会では、個人の意識もそうした社会構造に沿ったものになります。身分制度の下では、所属する身分の中で生きていくことが当然とされ、個人意識も家や氏といった集団の中で自分を位置づけることになります。○○家の太郎であり、○○家を離れて、近代的な意味での自我や自意識を持つことは困難でした。少なくとも近代以降に生まれた個人主義がもたらした個人の自立性、独立性や個人の尊厳等は、まだ概念としては存在しなかったのです。今でも個人を特定する名前に、姓やファミリーネームが用いられているのは、家や血縁的集団が社会構造の基礎となっていた時代が長く続いていたことに由来するのです。

さらに、変化に対する評価、価値観は、後述する資本革命以降と大きく異なっていました。安定と継続を価値基準に持つ時代には、変化は基本的に積極的な評価を受けません。日々変化し続けることを追い求める資本革命以降の価値基準は、存在しなかったのです。もちろん変化自体は当然あり、農耕技術の進展もありましたが、変化することを追い求める価値観はなかったのです。また、変化の少ない社会は、多くの知識を蓄えた先達、長老が尊敬される社会です。変化が激しい社会になればなるほど、既存の知識に対する評価は薄れますから、先達、長老は時代遅れと言われることになるのです。

5　資本革命と家族

1　資本の発明と普及

①余剰の拡大と変化

食料の余剰を持たなかった狩猟採集時代のヒトが、農業革命によって余剰を持つようになり、余剰の支配者層が生まれ階層化した社会となったことはすでに述べました。余剰の中心は食料であり、支配者層は食料生産の基本となる土地を支配することで支配者層であり続けてきたのです。その社会は支配者層の構成員や支配の仕組みを変えながらも1万年以上、短く見ても古代国家成立以降の長い期間続いてきました。支配者層や支配の仕組みの変化などに着目して歴史的時代区分がなされています。記録の残る歴史時代の範囲でその変化を理解する限りではそうした時代区分も意味を持ちます。しかも、記録のほとんどが支配者層についてのものなので、やむを得ないことだとは思いますが、少数の支配者層の下、圧倒的多数の者が食料生産つまり一次産業に従事しているという社会構造は、この長い期間変わっていないのですが、この圧倒的多数の者の歴史が語られることは少ないのです。

しかし、数百年前から、社会構造の変化が始まりました。この1万年の長い期間に、余剰は増大し、余剰の内容も変化してきました。余剰の増大は、飢えに備えて余剰を蓄えるだけでなく、余剰物の贈与や交換という行動をヒトにもたらしました。ある共同体における余剰の支配者層は、主に優越的地位欲求に従って、余剰を利用して他の地域や共同体が保有する異なった余剰物と交換をし、あるいは相互贈与により、自分の属する共同体にない物を入手できるようになります。それによって得た物は、自らの共同体の中では、支配者層の優越性を象徴する物になります。支配者層以外の者にとっては、それを得ることができれば優越的地位に近づき、あるいはその地位にあるとみなされるようになるのです。集団の中の多くの者が同様の認識を持つことで、その物はたとえ食料でなくとも、得たいという欲求の対象物になるのです。こうして、その物に価値が生まれるのです。食料を中心に始まった余剰は食料以外の様々な物に拡大し、欲求の対象つまり価値ある物も、食料以外の物に拡大したのです。また、余剰を支配する者はそれによって他人、ヒトの労力を利用することもできます。ヒトを雇い、武力を持つことで、支配者層は一層強力な階層化を目指すようになるのです。多くの古代国家において価値を持った金属、金や銀は、食料ではなく、ヒト以外の動物にとっては全く欲求の対象にはなりません。こうした金属が欲求の対象になったのは、ヒトの群れにおいてそれが優越的地位の象徴物になったからなのです。そして、価値即ち欲求の対象となる象徴物が生まれるのは、ヒトの抽象化能力によって形成された二次環境においてなのです。二次環境を持たない動物は、欲求の対象、つまり価値を拡大させたり変化せたりすることは基本的にないのです。縄文時代の三内丸山遺跡では、食料以外に、産地が遠隔地である黒曜石、翡翠製大珠等が発見されています。交易が行われていた証拠と考えられます。糸魚川産の翡翠製大珠が何故800キロも離れた青森まで運ばれたのでしょうか。この時代のヒトにとって、食料ではないこうした物がすでに欲求の対象、価値ある物になっていたということを示しています。

②貨幣と資本

そして食料の余剰にとどまらず、こうした新たな余剰が、交換や贈与を嚆矢として、交易、商業を発展させました。二次産業の発生と言ってもいいと思います。余剰のない時代には交易、商業は生まれません。そして、交易はおそらく物々交換から始まりました。農耕を主にする共同体が持つ穀物と、他の共同体が持つ別の余剰物とが交換されました。食料以外の二次余剰が増えると交換という行動はさらに増えたはずです。

しかし、相互に欲しい物が一致しなければ物々交換は成り立ちません。そこに貨幣が発明されることで、交易は商業、つまり二次産業になったのです。貨幣の意味や始まりについては、多くの研究や議論があります。価値交換の媒介物、価値の物差しといった説明が普通です。そこで、まず媒介物と物差しという貨幣の機能を説明したうえで、ある物がそうした機能を獲得する条件を考えてみます。

まず、媒介機能です。穀物を持つ甲が塩を求めている状況で、塩を持っている乙が肉を求めていれば甲乙間では交換はできません。肉を持っている丙が穀物を求めていて、三者が出会えば三者間で交換ができることになりますが、そうした機会は容易にはありません。しかし、ある物が貨幣となる性質を備えていれば、三者が同時に出会わなくても、それぞれが持っている物を貨幣と交換することで、結果として交換が成り立ちます。価値交換の媒介物とは、そうした機能をいいます。次にいう物差しとしての機能です。それぞれが持っている物のどれだけの量が交換する物と引き合うのかはそれぞれの欲求の強さによって異なります。

貨幣である媒介物は、それが一定の単位で計測できる性質つまり物差しとなる性質を持つことで、より媒介物としての機能を発揮します。また、媒介物や物差しの機能を得るにはその物が保存性を持っていなければなりません。穀物をある物と交換しても、そのものが短期間で変質したりすると、塩を持っている人と出会った時に媒介物としては使えません。

そして、ある物が交換の媒介物となり、物差しとなるために必要な条件が2つあると考えています。1つは、その物が集団内の多くの者の欲求の対象、価値ある物となっていること、2つ目は、その物が多くの者の欲求の対象となっていること自体が、多くの者の認識となっていること、つまり、価値の相互信用関係が成立していることです。この2つが貨幣が成り立つ基本的な条件です。ある集団の皆か価値を認める物とは、初期においては食料それも穀類だったと思われます。例えば稲作が基本となっている社会では米は誰もが求める物であり、ある程度の期間保存が可能で、さらに一定量を単位とすることで、様々な物との交換が可能となります。1キロの米は塩100グラムと交換でき、塩と交換に得た1キロの米はそのうちの500グラムで300グラムの肉と交換することができるといった関係です。ここでは米が媒介物であり、価値の物差しになっているのです。そして、階層化が進展し集団の秩序が整備されるようになると、支配者層により、その物自体では農業革命以前には価値のなかった物が貨幣として流通するようになります。米と異なり、欲求の対象には本来ならない物が、支配者層の優越的地位の象徴であること、そして最後は食料などに交換できることを支配者層によって保証されることで集団内の相互信用が生まれ、貨幣になっていくのです。

このようにして成立した貨幣は、やがて貨幣自体が欲求の中心的対象となっていきます。

「その金属の小片は、その集団の構成員が欲する物である」と、構成員が考えることによって価値を持つのです。穀物などが貨幣の役割を持つようになるのは、物々交換の発展形としてある程度自然発生的だったと思われますが、金属の小片が貨幣になるには支配者層による信用の創出と補強が必要だったと考えられるのです。いずれにしても、貨幣の本質は、欲求の対象つまり価値を集団的相互信用関係の中で創出することなのです。逆に言えば、相互信用関係が崩れると、その貨幣は貨幣ではなくなるのです。ある紙幣の発行主体になっていた国や権威が崩壊すると、ただの紙切れになる例はその典型です。近時の仮想通貨などを見ればその本質がより鮮明になっているように思います。ある意味大変危うい相互信用の上に成り立っているのです。

貨幣の性質を持った物が集団内で広く流通するようになると通貨と呼ばれます。通貨が成立するには、前述のように、集団の構成員の認識が一致することが必要ですが、そのためには集団が集団として認識される必要があります。国がその典型で、それは集団が一定程度制度化した存在となっていることを意味します。このように、通貨となった貨幣の相互信用関係は、余剰を支配する支配者層が成立し階層化した社会で生まれます。それは支配者層の優越的地位に由来する信頼関係と考えられます。ある物が通貨として通用するのは、通貨となる物が優越性の表象であり、ヒトの欲求の最終的対象物（元は食料であったと考えられます）に換価することができるという保証を支配者層が示すからなのです。余剰の支配を背景として、必要なものに交換できるという信頼がその集団内で形成されることで、通貨が生まれるのです。そうなると、繰り返しになりますが、貨幣自体が欲求の中心的対象、つまり中心的価値を持つことになります。こうして、余剰が余剰を生む仕組みが大きく展開する基礎ができたことになります。食料の余剰から始まった余剰は、その内容を食料以外の様々な物やサービスに拡大、変化させ、それら余剰の交換交易が貨幣によって加速され、最後は、それらの交換媒介物、物差しとなる貨幣自体も余剰の内容となっていくのです。ここでは、このように拡大変化した食料以外の余剰を二次余剰と呼ぶことにします。

二次余剰が巨大化する以前は、余剰の中身は食料を中心として、最後は食料につながることが予定された様々な物でした。しかし、二次余剰が拡大し貨幣がその中心的価値になると、物やサービスの交換、交易が盛んとなり、貨幣という余剰が、新たな余剰を生むことを容易にしました。後述のように、余剰を生む余剰を資本と呼ぶとしたら、貨幣が資本としての機能を持つようになったのです。そして、これも繰り返しになりますが、余剰が余剰を生む原動力はヒトの欲求です。それも、主に優越的地位欲求を原動力にしています。資本となった貨幣は、優越的地位欲求が物に化体し、流動化して、ヒトの集団内を駆け巡り、それ自体が増殖しようとする現象なのです。なお、相互信用関係が維持されるのは、最終的に食料などの基本的な価値を持つ物が得られるという信頼が必要ですから、飢饉が続き食料がなくなると貨幣は価値を失います。生存に必要な基本的な物の余剰、一次余剰があるからこそ二次余剰も生まれ、貨幣は存在し得るのです。

③資本主義と資本革命

資本という言葉は色々な意味で使われています。生産活動の元手といった一般的な意味もありますが、近代経済学では、土地、労働と並ぶ生産要素の一つとされています。マルクス経済学では、自己増殖する価値の運動体といわれていま す。この家族考においては、ヒトの食料獲得行動を原初的な経済活動と考えることにしていますので、その立場からは、食料の余剰がもたらした新たな経済行動を理解する概念として、資本という言葉を使おうと思います。つまり、すでに一定程度蓄積された余剰が新たな余剰を生むために使われるときに、その基になった余剰を資本と呼びたいと思います。余剰を生む余剰を資本と呼ぶのです。

なお、余剰が資本となり、社会構造に影響を持つようになるのは、余剰が余剰を生むことを肯定する考え方が社会の多くの者に普及する状況になるからです。そうした状況になった社会を資本主義社会と呼びたいと思います。資本革命の本質は、二次余剰を求める欲求の実現を積極的に認める考え方にあるのです。このような二次余剰を求める行動の普及、資本の発明とそれをもたらした考え方、思想による社会変化を、私は資本革命と呼ぶことにします。狩猟革命、農業革命に続く大きな変化です。

そして、資本革命が政治的、社会的側面でもたらした現象が市民革命と民主主義であり、経済的に具体化した現象が産業革命だと思います。そして、資本革命を支える思想が啓蒙主義に始まる個人主義思想だと考えています。

なお、余剰が余剰を生むという資本自体は、世界各地で生まれました。しかし、資本革命に至ったのは西欧だけでした。日本の江戸時代は、相当程度二次産業・三次産業が発達し、貨幣も大量に流通していました。両替商、札差など江戸や大阪には豪商が生まれました。しかし、資本が社会構造も変化させるほどの普及・拡大をして、真っ先に資本主義と呼べる状況になったのは西欧でした。

資本主義が近代西欧社会で発生した主な理由としては、西欧が他の地域と比較して余剰、特に二次余剰が大きくなっていたことと、なにより植民地の拡大競争が余剰の拡大に拍車をかけたことが重要な原因の一つだと思います。15世紀後半からの大航海時代とそれに続く植民地時代は「資本」という価値基準の確立と普及を推し進めた時代でした。大航海時代は、封建領主である国王や貴族層に蓄積した余剰が、食料のためでなく新たな領土や物品つまり新たな二次余剰を求めて使用された時代です。まさに余剰が余剰を生むために使われているのです。その結果、偶然ではありますが、トウモロコシやジャガイモなどが新たな食料として西欧にもたらされ、さらなる余剰を蓄えることになりました。また、胡椒などの香辛料や綿花は、まさに二次余剰そのもの、二次欲求により価値ある物として取引の対象となりました。このような動きは食料の商品化の先駆けでもあります。この時代、新たに生まれた余剰は王侯貴族という一次余剰の支配者層に帰属していました。重商主義と呼ばれる時代に重なります。しかし、やがて大航海時代は、それまでの支配者層ではなく、二次産業や三次産業にかかわることで新たな余剰を蓄える層を形成し、拡大することに寄与しました。オランダやイギリスの東インド会社などはそうした新たな余剰支配者を造る仕組みの先駆けだと思います。法人制度、特に営利法人制度は、資本の動きを加速させる仕組みとして大変重要なのです。

さらに、15世紀前後のいわゆるルネサンス時代の自然科学的な世界観の発生は、資本革命を支えた価値観の先駆けになったと考えられます。二次余剰が集積した都市が生んだ文化がルネサンスなのです。さらに16世紀の宗教改革によって生まれたプロテスタントの考え方が、資本主義の発展に大きな影響を持ったというマックス・ウェーバーの指摘もあります。私の理解では、資本が資本革命に至る、資本の活動を肯定する思想、価値観の成立を指摘しているのです。

近代西欧において、資本が資本主義に至ったことが産業革命や市民革命の主たる要因だと私は考えています。そして産業革命を支えた科学技術の大きな進展が西欧において起こったのも、科学技術が生み出す物や技術が新たな価値を生み出す二次余剰そのもの、つまり資本となったからです。「資本」の発想を普遍化できなかった西欧以外の地域では、新たな科学技術は、安定的継続を基本的価値基準とした村落共同体やそれを基にした支配構造を、むしろ不安定にするものであるとして、限定的に扱われるか、排除されることが多かったのです。しかし、西欧においては、余剰が余剰を生むことを積極的に評価する考え方が普及し、そうした状況が生まれたことにより、技術革新が進み、産業革命がもたらされたのです。

2 資本革命による社会変化

①変化の概要

資本革命は、一次産業を基盤とした経済構造を二次産業、三次産業を中心とした経済構造に変えました。それは、一次産業を担っていた村落共同体などの集団から、大量の人口を二次産業・三次産業の労働者に移動させました。二次産業三次産業の中心地は都市ですから、それは大量の労働者が都市に集中する社会を生むことになります。また、産業構造の変化によって社会の支配者層も変化しました。一次産業の生産手段である土地などを支配してきたそれまでの支配者層から、二次産業三次産業の生産手段を持つ者達に支配者層が変化しました。新たな支配者層は、主に貨幣を中心とした二次産業・三次産業の生産手段の支配者です。こうした変化の過程で、長らく存在していた身分制度、さらには血縁、地縁に基づく組織集団が否定され、衰退していきます。資本革命による経済構造や社会構造の主な変化は以下のような内容です。

ア　二次産業・三次産業を中心とする経済構造への変化
イ　社会の支配層の交代と新たな階層社会の発生
ウ　身分制度、村落共同体・血縁的集団等の仕組みの衰退
エ　大量の都市労働者の発生
オ　政治制度としての民主主義の誕生
カ　法人制度の発展、普及。
キ　科学的思考の普及と科学技術の資本化
ク　食料自体の商品化

このような様々な変化は、必ずしも一挙に起こったわけではありません。資本革命は、二次環境を持つに至ったヒトが、二次環境の中で育んだ欲求に沿った変化であって、二次環境を持った以上、ある意味の必然だと思います。もちろん、この変革が実に多くの問題をヒトにもたらし、それがヒトという動物の存続すら危惧しなければならない状況を生み出しつつあるのです。こうした多くの社会変化は、当然家族の変化と密接な関係を持っていますが、それぞれが大変大きな課題です。そこで、家族を考える上で最小限必要と思われる項目に絞って考えてみます。資本革命を支える考え方・思想にふれ、家族に直接関係する身分制度と私的所有権、個人意識の問題を述べた後に、主に近代以降の日本の状況を説明する中で、家族の変化を考えることにします。

②資本革命を支える思想

余剰を生む余剰が資本だと述べましたが、それが社会構造を変える動きとなるには、資本の働きを支持する考え方が社会に普及する必要があります。資本革命を支えた思想は、啓蒙思想、個人主義といった考え方です。その背景にキリスト教特にプロテスタントのもたらした考え方があるようです。啓蒙思想に連なる個人主義、さらには自由主義、あるいは政治的側面での民主主義等に関しては多様な議論や考え方がありますが、この家族考の視点からごく単純な用語の定義をしておこうと思います。啓蒙思想は、一人一人の個人が、理性、合理的思考能力を持っており、理性は普遍的、不変的能力であって、人間はそれにより世界を認識し理解できる。そして、理性の働きを阻害する要素は排除される必要がある、といった考え方とします。また、個人主義は、啓蒙思想のいう合理的思考能力や理性は、個々のヒトが本質的に持っている能力、資質であると考え、それを基に、独立性、自由意思（意志）、自己決定権などが個人に備わっているとし、さらには、そうした概念の根源的価値基準として、個人の尊厳があるとする考え方と定義しておきます。これらの思想は現代社会を形成する基礎になっているといっても過言ではありません。現代の多くのヒトが物事を考える上での思考の枠組みとなっているのです。一例を挙げれば、多くの国において、社会の仕組みを定める法律の基礎概念がこの思想によって作られています。日本における民事法分野での私的自治の考え方、契約自由の原則はその典型です。つまり、契約は個人の自由意思によって成立しますし、責任も意思能力があることを前提としています。「自由意思」は自明なこと、アプリオリなものとされているのです。所与の存在として自由意思があるとすることで責任論も成り立ちますし、その意思形成を阻害する詐欺や錯誤の議論ができるのです。自由権などの基本的人権もこうした思想を基にしています。では、ヒトが等しく持っているとされる自由意思の中身は何でしょうか。多くの哲学的議論がありますが、ヒトは二次環境を持つに至った動物であるという視点からは、自由意思とは二次環境で生まれた様々な欲求の選択を意味すると考えられます。そして、意思の中身である欲求は一次環境での欲求に根差しているのです。また、自由という言葉も欲求の「選択」という意味なのです。不可知世界を持つことで現在、過去、未来という概念を持つようになったヒトは、「選択」が現在という瞬間にしかないのに、その意味を過去や未来との関係で求め始めるのです。アプリオリに自由意思を議論のスタートとすることによる矛盾はいくらでもありますがここでは深入りしません。

資本の活動を支える考え方は、余剰を新たな余剰を生むために使用することが、肯定され支持されるということです。二次環境で生まれた様々な欲求対象を求め続けることが、自由意思の名のもとに肯定されるのです。本当に考えるべきは、自由意思の中身、つまり欲求の選択の由来なのです。

③身分制度などの否定

啓蒙思想、個人主義の考え方は、個人の独立性、自立性を強く主張することになりますから、それまでの集団や組織の存在を前提としてその中に個人が存在するという考え方を否定することになります。特に血縁的集団の世襲的地位つまり身分は、啓蒙主義、個人主義の考え方からは真っ先に否定するべきものとなります。旧体制・アンシャンレジームの否定です。こうした考え方の帰結は、まず、固定化された重層的集団による階層社会やそれを強化してきた身分制度の破壊です。王侯貴族に代わって経済力はあるが身分のない市民・ブルジョアジーが社会の主役になることが、啓蒙思想、個人主義によって肯定されたのです。

なお、産業革命、市民革命の主体は、「市民」でした。市民とはCITIZENの訳語で、語源的にも「市」の民です。つまり、市民は余剰集積地の民であり、市民革命は都市の民による革命で農民の革命ではありません。そして、啓蒙思想は、個人、全ての自然人の思想的、政治的、経済的自由権が普遍的価値だと主張するものですが、市民革命の主体は現実的には「市民」でした。市民革命は、自然人たる個人を主体とすると主張することで、相対的にはまだ少数であるブルジョアジーだけの革命ではなく、多くの都市の住民、労働者を巻き込んだ運動となったと考えられるのです。啓蒙主義が育んだ個々の自然人の独立、自立という発想が、時代の変化つまり資本革命とそれによる社会変化を支えたのです。

もっとも、多くの都市の住民、労働者が革命へと動いた動機は、おそらくもっとシンプルな不満の蓄積によるものとは思います。都市に集積した余剰の多くは都市の中の一部の者、特に王侯貴族などの旧制度の特権階級に帰属し、大きな格差が生じていました。その格差に対する不満が市民革命の原動力になりました。変革の動きは、不満が一定量になったときに起こると私は考えています。理念や理想が先行するのではないのです。不満の蓄積過程で、その不満の解消を考える中で、「あるべき」社会を構想することはあると思いますが、それはあくまで現実に起こっている不満、矛盾を意識したところから始まります。様々なその時代を支える思想も、その時代の社会状況が基になって生まれるのです。つまり、啓蒙思想も個人主義も、西欧における近代の社会状況、時代状況を反映しているものので、永遠不滅ではないかもしれないと考えておかなければならないと思うのです。しかし、私自身の考え方は、この啓蒙思想や個人主義の普及した社会の中で形成されたものであり、それを相対化することは容易ではありません。

また、アンシャン・レジーム、身分制度の否定といっても、フランス以外のヨーロッパでは政治的支配権を持つ貴族制度は20世紀までほとんど残っていました。それは、植民地支配などによる富の多くが王侯貴族にもたらされていたからです。いわば最大の資本家になることで存続し続けていたのです。そうした特権階級が政治的支配権を失った国の多くで民主主義制度が始まったのです。

④私的所有権の肯定

資本とそれによる産業革命の推進力は、余剰の拡大再生産を望む市民・ブルジョアジーの欲求です。この欲求が成り立つには、私的所有権が認められる必要があります。特に二次産業・三次産業の生産手段が私的所有権の対象として承認される必要があります。そして私的所有権が意味を持つには、その権利の主体が、自立した個人でなければなりません。私的所有権が成立するということは、権利が一定の身分を有する者や集団、組織に帰属することを否定しなければならないからです。個人主義はこの面でも、新たな支配層に私的所有権を認めることの根拠を与えたのです。私的所有権の概念は、余剰や余剰が生んだ価値を自然人たる個人に帰属させることを意味します。それが余剰を余剰のために使うという資本の論理を最も活性化させる考え方なのです。もっとも、どの国においても、自然人たる個人に帰属した余剰は、一代限りではなく、何らかの家族制度や相続制度によって、私的所有権の承継が認められています。個人の独立といっても、現実のヒトにとって、家族や血縁集団といった一定の帰属集団が必要なのです。動物としての種族保存欲求が、そうした制度を求めていることを理解しなければなりません。啓蒙主義、個人主義は、個人の独立、個人の価値を肯定することから始まりますが、一方で、ヒトは必ず群れで生きる動物であることから、常に何らかの集団の中で生存しています。また、優越的地位欲求も種族保存行動を優位にすることが本来の役割です。しかし、個人主義、啓蒙主義はこうしたヒトの動物としての基本的属性への考察が不十分なために、後に述べる個人と帰属集団との関係に生じる軋轢への対処方針を十分には用意できていないのです。そのため、私的所有権という制度が血縁集団である家族に継承される相続という制度を利用することで、財閥などの血縁的資本家集団が世界的に形成されることになったのです。私的所有権が全く一個人だけに帰属し、家族への分配や相続といった仕組みを否定すれば、財閥のような存在は生まれません。こうした仕組みが存在するということは、家族や血族などの集団がヒトの一次欲求に根差した基本的欲求の一つであることを示しているのです。

⑤個人意識への影響

啓蒙思想・個人主義という考え方は、身分制度や家や氏などの集団の中に位置づけられることが当然であったヒトの意識を、独立した個人という意識に変えることになりました。ヒトは群れで生きる動物であり、現代においても様々な重層的な集団、組織に帰属して生存しています。独立した個人という考え方は、そうした帰属集団の内、身分関係や血縁的集団組織などへの帰属意識を希薄化させていくことになりました。帰属集団の最小単位が家族であり、その上に、拡大した血縁集団、地縁集団、あるいは何らかの目的で組織された集団等が重層的に存在し、その最も拡大したものが国だと考えられます。そうした様々な集団の内、一次産業の安定と継続を担ってきた血縁集団である家・氏族と地縁集団である村落共同体からの独立が個人の意識の中で進むことになったのです。正確には独立ではなく、個人意識の新たな立上げです。客観的状況としても、村落共同体から都市への大量の人口移動は、血縁・地縁集団を衰退させますから、個人意識の変化は一層加速されます。もっとも、過去のその当時のヒトの意識を現在の基準や認識で評価することは慎重でなければなりません。ヒトの意識や心理を研究する近代の心理学もまだ一世紀余りの歴史しかないのです。心理学の始まりは、啓蒙主義、個人主義の思想が普遍化する時代ですから、帰属集団との関係を十分には視野に入れていません。個人意識の変化は、個人の政治的側面のみならず個人的行動の側面でも変化をもたらしています。そうした変化は、資本主義社会においては結果として「人材」という生産要素、つまり労働力を資本に提供することに寄与したと考えられます。そして、後述するように、ヒトは、個人の自立、独立と何らかの集団に帰属することの相克にますます直面する状況が起こるのです。家族もその波に翻弄されることになるのです。

３　資本革命による家族の変化

資本の発明・普及が産業革命をもたらし、一次産業を担ってきた村落共同体からの大量のヒトを労働力として二次産業・三次産業に取り込むとともに、都市を巨大化してきました。そこでの労働力は「個人」です。村落共同体のような集団に属している存在ではなくなります。また、個人主義はそうした共同体からの「個人の解放」を思想的に支持・支援しています。そこでは、村落共同体や制度としての家などの集団が衰退するなかで、家族も、個人と個人の結婚による最小の集団となっていきます。そしてさらには狩猟採集時代に成立した家族の形、雌雄の継続的つがいとその子供で成り立つ最小の集団という形すら変化してきています。

なお、資本革命以前の一次産業に従事する者の生活は、基本的に、日の出から日没までが労働の時間でした。電灯の発明・普及以前は、夜間に農業や牧畜をすることはまずなかったのです。さらに天候にも左右されます。現代人特に都市に集まったヒトは会社・工場などの就労場所で決められた時間働きます。日の出や日没も、雨も関係ありませんし、1週間つまり7日サイクルで、1日ないし2日の非就労日があるのが普通です。ヒトが1万年以上も続けてきた自然のサイクルに合わせた生活が、急激に人工的なサイクルになることで、資本の論理に沿った経済効率は達成されましたが、家族の在り方や個人の健康など様々な面で課題も発生してきているのです。家族の変化の具体的な内容は第2以下で述べます。

第2節　資本主義社会の展開と家族（日本を中心として）

1　日本における資本主義の受容

日本においては明治時代に西欧での産業革命や市民革命の成果を受け入れる形で近代化が進められました。しかしそれは主に西欧的二次産業・三次産業の成果を中心にしたもので、市民革命やそれを支えた啓蒙思想、個人主義といった側面は副次的であったように思います。日本が短期間にいわゆる近代化、工業化を成し遂げたのは、思想的には西欧を全面的に受け入れてはいなかったものの、江戸時代という長期の平和な時代に、相当程度、経済的発展、余剰の蓄積がなされていたからだと考えられます。まがりなりにも資本革命的な変化を可能とする歴史的蓄積があったことから、資本革命、産業革命の成果を受容することができたのです。そのことは、江戸や大阪といった大消費都市が既に成立していたことからも明らかです。江戸は18世紀前半には人口100万人の都市になっていたという推計もあります。しかも江戸は都市の性格上、武士階級の人口が大変多く、武士と僧侶とその消費活動を支える二次・三次産業に従事する者達で構成されていました。こうした都市は、食料の消費者ばかり、つまり村落共同体に属さない者ばかりが集まっています。江戸の住人は、主に米本位制ではありますが貨幣経済に支えられて消費生活を営んでいたのです。大都市の存在は、それだけの消費者の集積が可能な余剰が社会に生まれていたことを示しています。また、大阪には江戸時代に世界で最も古い先物取引市場（堂島米会所）が開設されています。これも、二次産業三次産業の発展と余剰の蓄積を示しています。しかし、江戸時代の産業構造は、一次産業中心で、圧倒的多数の人口は村落共同体の構成員でした。江戸時代には啓蒙思想も個人主義の思想もありません。むしろ、身分的秩序を尊重し、社会的変化を否定的にとらえる思想が基本となっていた社会です。明治時代においても、この傾向は引き継がれています。江戸時代の家族制度は当然ながら村落共同体を維持する仕組みである家や氏族といった血縁的集団の存続を中心とした仕組みとなっています。明治時代は、市民革命を支えた思想を受け入れる方向ではなく、むしろ、江戸時代までの武士階級の仕組みとそれを支えてきた思想を国民全体の制度としたのです。明治憲法下の法制度は、そうした血縁的集団の存続や価値観に沿った制度になっているのです。旧民法の家督相続などはその典型です。資本主義を、資本の論理を肯定する思想が普及した社会状況とすると、少なくとも明治時代はまだ資本主義社会への移行期であったということになると思います。こうした日本的な特殊性はあるものの、この時期は西欧においても多くの国でまだまだ身分制度が存続していたことは既に述べたとおりです。

2　高度経済成長時代と家族

1　労働者大移動と核家族

日本では、昭和20年代、1950年頃には国民の8割以上であった農業人口、村落共同体の人口が、令和の現在では、5パーセントを切るほどになっています。これほどの産業構造の大変化は、村落共同体が広く形成された弥生時代以降の数千年で初めてのことです。しかもわずか半世紀余りの間の変化です。昭和30年代には「就職列車」が多くの中学高校卒の若者を労働力として村落共同体から都会に移動させました。都市部への人口集中、地方の過疎化の始まりです。都市部に移動した若者は二次・三次産業で労働力として働き、都市部で生活をし、家族を持つことになります。そこで生まれたのは「核家族」という現象です。都会で就職した若者は、時間の大半を資本の論理で活動する会社という名の集団の一員として過ごし、夫婦と子供を構成員とする「核家族」を作り、家族を養いました。核家族という言葉もいくつかの定義があるようですが、ここでは、夫婦と子供だけで成り立つ家族を指す言葉として使用します。そして核家族隆盛の時代は、働き手は家族を養うだけの賃金・所得を会社から得ていました。会社は村落共同体に代わる新たな共同体とみることができますが、終身雇用を前提とした仕組みの中で、一人の労働で、配偶者と子供の生活が成り立つ賃金体系を作っていました。この状況は、狩猟という食料獲得手段の拡大が家族の成立に関係したという物語と類似するところがあります。会社で働く者は、賃金を得て、家族（配偶者と子供）に食料を供給する役割を持っているのです。核家族は村落共同体のような集団とは切り離された存在です。しかし日本では、長らく社会の基本構造となっていた村落共同体に類似した仕組みが、日本の資本主義化した社会構造の中に成立していました。所属する企業を「我が社」と呼ぶのも、そうした共同体意識の表れでしょう。日本の高度経済成長期には、本来一人の労働力だけを求めるはずの二次産業三次産業の担い手である会社が、家族ぐるみの帰属意識高揚のために、家族を巻き込んだ行事を開催したりしていました。国の制度においても、税制や社会福祉制度などで、配偶者や子供への配慮をした仕組みが作られていました。また、何らかの集団の中に個人の位置付けをするという長年の村落共同体的な発想も続いていたのです。就職から定年までの一人の労働力による収入で、その核家族の生涯のライフサイクルを考えることが行われていました。年金制度も、会社に属する者に有利な仕組みになっています。国を挙げて二次産業三次産業に従事する者を支援する政策がとられていたのです。そうした仕組みの中で、「24時間働けますか」というコマーシャルが流され、「モーレツ社員」という言葉も生まれました。最近の不安定な雇用関係や、生涯設計を描けない状況下では、こうした働き方は生まれません。日本型経営がもてはやされたのも、こうした意識や仕組みに支えられて日本の経済力が急成長していたからです。高度経済成長をもたらした日本型産業構造は、多様なヒトをその人が属する最小限の組織である家族も含めて労働力として把握するという仕組みによって成り立っていたのです。その後の資本のグローバル化の時代になると、主に世界経済の覇者となった米国から世界中に波及した傾向ですが、労働力の対価は、「人材」という個々のヒトの一側面だけへの対価となり、家族のようなヒトの属する集団への考慮を減少させ、喪失するようになりました。会社は誰のためにあるのか、何のためにあるのかを改めて考えるべき状況が生まれてきていると思うのです。

高度経済成長の時代には、住居も核家族の大量発生に対応して変化しました。都市郊外の集合住宅、いわゆる団地が大量に建設され始めます。その間取り、仕様は核家族を想定したものでした。いわゆる団地サイズです。それが、次々と生み出される電化製品などの新商品で色付けされて、新しい生活、近代的な生活様式だと喧伝されることになりました。核家族を構成する何万人という人が住む大きな団地建設は、都市郊外の宅地化を加速させ、上下水道、電気、交通システムあるいはショッピングセンターなどの様々なインフラ建設を必要とし、それ自体が経済成長の原動力となりました。住居に関して言えば、近代以前においても、二次産業三次産業が発展集積し始めていた都市部、例えば江戸や大阪においては、二次・三次産業に従事する労働者の居住する長屋などの集合住居が多く建設されていました。しかしその時代は国の人口のほとんどは一次産業を担う村落共同体に住んでいたのです。都市部の長屋に住む人口は国民の一部に過ぎなかったのです。

やがて、1980年代になると、高度経済成長の中で、二次産業三次産業に従事する労働力の需給関係に変化が生じてきました。村落共同体からの労働力の供給が底をつきはじめたのです。村落共同体には子供を都会に送り出した夫婦が増え、その後の過疎化、限界集落の発生につながる状況が生まれました。都会に出た人が故郷やそこに残った人を想い、地方に残った者が都会に出た人を想う多くの歌謡曲が生まれた時代でもあります。風物詩ともなった「帰省」現象、つまり正月やお盆の都市部から地方への大量の人口移動は、こうした地方から都市への労働人口移動の結果起こった現象です。都市部の住人が世代を重ねると、いずれ親や祖父母が住む故郷はなくなり、レジャーを求める移動はあっても「帰省」という現象はなくなってきます。また、高度経済成長期には、主に東北や北海道などの寒冷地から、冬季の農閑期に東京などの都会へ「出稼ぎ」をする人も増えました。しかし、出稼ぎ労働者は1970年代をピークに減少し始め、2000年代にはほとんどなくなります。まだ地方に村落共同体があり、一次産業を主たる職業とする人口があった時代は、出稼ぎも成り立ったのですが、人口減少や高齢化によって、もはや農閑期に出稼ぎに行く人すら地方にはいなくなっているのです。

高齢化した夫婦では農耕は継続できません。1970年（昭和45年）からは耕作面積を減少させる減反政策が採られ、日本の食料の自給率は下がり続けることになりました。当時の国の政策の方向性は、二次産業三次産業を中心としたいわゆる貿易立国であり、食料は原則として輸入に頼ることを容認するものだったからです。工業製品を外国に売る以上、外国の商品化した農産物を買うように求められる関係になることも覚悟しなければなりません。農耕などに適した土地が狭く、機械化が困難でヒトの労働力に依存する割合が高い、労働集約型産業であった日本の一次産業は、広大な土地で商品化した農産物などを大量生産する諸外国との競争に耐えられないという判断もあったのだと思います。こうした状況の象徴的な事件が、1993年（平成5年）の米騒動です。同年の冷夏による米の不作により、外国からの米を大量輸入したことが契機となって、輸入を認めず自給自足を掲げていたそれまでの稲作の政策が大きく変わったのです。今でもカントリーリスクなどを意識して、高い関税などを設けることなどによって、国内の生産を保護する政策はある程度とられていますが、二次産業三次産業を主体とした立国を求める立場に立つと、常に米や麦を始めとする食料品の自由貿易化を求める諸外国からの圧力に直面します。今や、日本は西欧諸国と比べても、最も食料自給率の低い国の一つとなっています。ヒトの行動について食料獲得行動を起点にして考えようとするこの物語の立場からは、日本の食料政策は、国際関係に翻弄されることを覚悟して決断した政策でなければならないはずです。果たしてそこまでの議論ができているのかは疑問です。

[2] 共稼ぎと教育

高度経済成長つまり二次産業三次産業の拡大は、当然より多くの労働力を求めることになります。村落共同体からの労働力供給が減少する中で、まだ海外に労働力を求めるほどの時代になっていなかった時期の日本では、まずは家庭に眠っている労働力を、労働市場に供給する仕組みが求められることになりました。家庭内の配偶者、その多くは女性でしたが、それを労働市場に供給することが求められるようになったのです。一方、より豊かな暮らしを求めるという欲求から、家族の所得の増大を求める動きも強くなりました。労働市場の需要と供給の双方からの求めによって、家庭に配偶者が留まることが減少し、共稼ぎが増大しました。その結果、既に核家族化が進んでいた家族の構成員である成人の多くが労働市場に供給されるようになりました。そのような家族の変化によって色々な社会現象が起こってきました。「鍵っ子」という言葉や「一人っ子」という言葉も生まれました。核家族になり、しかも共稼ぎの家族では、子供が学校から帰っても、それを迎える両親はいないのです。そうした状況では何人もの子供を持つことは困難です。複数の子供を持つことは、誰かが子供の面倒を見なければならない以上、両親が共に働きに出る核家族では困難となることは当然です。こうした家族の在り方の変化によって、その後現在まで続いている少子化が始まったのです。資本主義がもたらした経済行動、社会構造の変化が、家族を変化させ少子化という結果につながっているのです。

さらに、こうした家族の変化は、子供の教育という面でも、大きな問題を生じさせました。共稼ぎの核家族において「鍵っ子」や「一人っ子」は両親と接触する時間が減少します。その結果、子供の成育や教育における家族の役割が減少し、家庭外の保育所や幼稚園、学校、塾といった社会的な保育、教育組織に、より大きな役割を期待するようになります。しかし、学校などの社会的教育機関は、社会構造の急速な変化に対応するだけの準備もできていませんでした。ヒトという動物が成長するにあたって、何が必要なのか、改めて教育の基本から考えてみる必要があるようです。群れで生きる動物であるヒトは、なんらかの集団の中に生まれ、集団の中で育まれて成長します。これは、動物としてのヒトがヒトとなった何十万年も前から続いてきた仕組みです。知識の習得は教育のごく一部です。ヒトは、基本的な母国語としての言語能力、生活習慣、集団内でのコミュニケーション能力、他人との関係の作り方、あるいは思想、宗教など多くのことを長い成育の過程で、生まれ落ちた集団、共同体から学んでいきます。知識の教育は識字率に関係しています。明治時代において識字率が世界トップクラスだったといわれる日本でも、識字率が向上したのは江戸時代になってからと考えられます。江戸時代以前は支配層や僧侶など一部の者しか文字の読み書きはできませんでした。しかし、圧倒的に多くの者は、文字を知らなかったにもかかわらず、生きてゆくのに必要な言語能力や人間関係の作り方、コミュニケーション能力等をはじめ様々な技能や能力を生まれ落ちた集団の中で獲得して、社会人として生きてきました。ヒトは生まれ落ちた集団の中で、ヒトとして生きるに必要十分な広義の教育を受けてきたと評価できるのです。こうした広義の教育の場の基本にあるのは、全てのヒトにとって母子関係を含む家族だと考えられます。長い間こうした広義の教育についての役割を果たしてきた家族、あるいは家、といった集団がその機能を失い始めているという現状認識から教育を考えなければなりません。こうした家庭の変化にいわゆる教育機関はどう対応してきているのでしょうか。学校などの教育機関は、明治時代以来、産業化し近代化する社会において、役に立つ、有能な「人材」育成のための公教育を担う組織として設立され整備されてきました。国民全体を対象とした公教育は、元々、近代市民社会成立後に生まれた仕組みです。啓蒙思想や個人主義、あるいは民主主義が早期に進展した西欧においては、そうした理念に沿った市民ないし国民を生み出すことも公教育の目的となっていたようです。しかし、少なくとも日本の公教育は、ヒトの成育全般にかかわる広義の教育を担うものではなかったのです。戦後の高度経済成長時代に起こった家族の変化に対応するための仕組みも理念も教育機関は持っていなかったのです。そうした時代状況の中で、「荒れる学校」「教育の荒廃」と呼ばれる現象も生じました。その後も、社会的教育機関がどこまでの教育を担うのか、広義の教育をどこまで、どのように担うことができるのか、といった観点からの議論は不十分なままのように思います。現在でも、早期の英語教育や、ＩＴ時代の情報技術教育などの導入が公教育の場で推進されています。これらの教育が持つ意義を否定する訳ではありませんが、そこでの重点は資本主義社会にとって有能な「人材」の育成です。家族や血縁・地縁集団の置かれている現状を見ると、公教育の役割は「人材」の育成にあると割り切ることはできないように思います。広義の教育の内、「人材」教育以外を担うのは長らく家族や血縁・地縁的集団でしたが、そうした集団が弱体化したのは、資本主義の発展が大きな要因となっているからです。資本主義経済が、すべての個々人に「人材」として、労働力として働くことを求める以上、子供の成育の場としての家族の持っていた役割を、広義の公教育ないし社会的な仕組みに担わせなければならないということになります。広義の教育という仕組みの根本的な変更ですが、それがヒトという動物にもたらす功罪はわかりません。その教育の基本には、少なくとも人間中心主義の発想を超えるヒトという動物についての洞察が必要だと思うのです。つまり、ヒトは動物の一種で、その成長には実に多くの要素が関わっていることを理解したうえで考えなければならない問題なのです。

3 婚姻の変化

農業革命以来、数千年間、農業という食料獲得手段を維持継続するための仕組みであった村落共同体と、その中に位置づけられる家族という構造、さらには古代国家の時代には遅くとも成立していた家・氏族などの血縁的集団という構造が、極めて短期間に変化してきました。国によって様々ではありますが、西欧においてもわずか数百年、日本においては百年にも満たない間に起こった劇的変化です。価値観について世代間の軋轢が生じるのも当然でしょう。

家族形成のスタートとなる結婚が、社会的な制度となったものを婚姻と呼ぶとしたら、婚姻の始まりは農業革命以降と考えられます。狩猟革命によって、動物としてのヒトの配偶システムが家族の形成でしたから、結婚つまり雌雄のつがいの成立は狩猟革命に始まることになります。資本革命以降の社会構造の変化は、まず、制度としての婚姻を変化させ、更には結婚にも大きな変化をもたらしてきています。まず、制度としての婚姻の変容にふれます。農業革命以降に成立した村落共同体にとって家族形成の始まりである結婚は、共同体の基礎集団としてその家族を組み込むことを意味します。新しい家族を認知し承認するために、様々な儀礼を伴った制度として婚姻が行われたのです。そして、資本革命以前には、村落共同体に限らず一次産業が基盤である社会のそれぞれの集団において、その集団に家族を組み入れるための制度として婚姻が位置付けられていたのです。しかし、資本革命以降、一次産業から多くのヒトが二次産業・三次産業に移動し、村落共同体が衰退すると、婚姻の意味も変化しました。法律の変化を見てみます。明治時代、大日本帝国憲法には婚姻や家族に関する条文はなく、それらは民法に定められていました。その内容は、家督相続などに見られる「家」制度を中心としたもので江戸時代の武士階級の考え方を基調として、それを国民全体に拡張したものとなっています。婚姻は「家」と「家」の結びつきを確認するものであり、個人としての結婚を超えた社会的意味付けがなされていました。そうした婚姻は最近まで普通に存在していました。結婚式は「両家」であり、式や披露宴は双方の親族が一堂に会するものでした。今でもこの形式は少なくないと思いますが、大きく変わりつつあるようです。村落共同体という地縁団体が衰退し、核家族化が進むという状況によって、少なくともこれまでの婚姻という制度が衰退するのは当然でしょう。日本における現在の婚姻制度は、憲法によって「両性の合意」のみによって結婚ができるとともに、婚姻届を出すことによって社会的に認知する仕組みです。戸籍制度によって、家族が社会的に位置づけを得ることで、そこに生まれた子供も含めて、民法、税法、社会福祉制度等様々な社会的制度の対象とされ、様々な権利義務の主体とされています。

なお、日本の戸籍制度は律令国家が形成された7世紀に始まるとされていますが、そもそも「戸」は中国において統治のために集団の最小単位である家族を「戸」と呼んで、調査編纂したことに由来します。その時代戸籍は戸主の登録を基本として、そこに住む家族の性別や数を記載するものでした。主には徴税、賦役のためのものでした。しかし今日では「戸」単位ではありますが、個人を登録することで国からの義務の宛先だけでなく、公民権など権利の主体となることの基本にもなっています。家族をどのような制度として扱うかは国や社会によって様々です。「戸」を単位とせず個人を登録したうえで必要と考えられる範囲の親子関係や夫婦関係を記載するという制度の国もあります。後述するように資本の論理の進展が家族という仕組みを必ずしも必要としないという方向であれば、制度としての婚姻も大きく変わる可能性があります。

さらに結婚も後述するように、資本の論理の進展により、一人一人を「人材」と見てそれぞれが十分な食料・経済的裏付を得られる社会においては、家族を形成する主な要因が失われたことになります。「人材」を求める資本の論理の進展や個人主義（必ずしも本来の意味ではないのですが）の普遍化によって、ヒトの配偶システムとしての家族の始まりである結婚も変化しつつあるようです。多様性を持った個人がそれぞれパートナーとなることを結婚と呼ぶ時代が来つつあるようです。私の理解で言えば、二次環境を拡大してきたヒトが、配偶システム自体を変える動きなのです。

ここで改めて配偶システムの観点から結婚を考えてみます。ヒトの種族保存行動は出会い行動と繁殖行動と保育行動で成り立っています。出会い行動は雌雄が求めあう機会を作る行動です。それに続く繁殖行動は本来子供を作ることを意図した行動ではありません。

類人猿は、発情期に繁殖行動をとりますが、それは繁殖行動自体が欲求の対象であって、子供が産まれるという結果を認識したものではないのです。しかし、二次環境を持つようになったヒトは、繁殖行動の結果子供が産まれるということを認識し、欲求に従って繁殖行動はしても子供を作らないという行動をとることができるようになりました。そうなると、子供を作るかどうかは意図的な行動となりますから、妊娠、出産、保育という大変負担の多い結果を避ける選択が生まれます。雌雄それぞれが個体保持を独立して行える状況が生まれると、食料の依存関係がなくなりますから、継続的なつがい関係を作る必要性は乏しくなります。その結果、あえて結婚をすることは求められなくなります。子供を作らない繁殖行動が普通になります。こうした状況に抵抗する情動もあります。子供を持つという欲求です。それは繁殖行動とは切り離された情動となっています。様々な生殖医療の進展は、結婚や繁殖行動なしに子供を作ることを可能にしています。そうすると結婚は雌雄の関係である必要はなく、子供も繁殖行動なしに作れるという状況が予想されるのです。そこでは、動物の種が存続するために成立していた配偶システムがもはや存在しないことになるのです。

3　グローバル化時代

1　労働力の国際化

①国内状況

資本のグローバル化とは、資本自体が国際化するということと、資本の活動の場、生産と消費の場が国際化するということの両面があります。多くの論点がありますが、ここでは、家族を考えるうえで直接的な影響のある労働市場の国際化について述べることにします。

労働力は資本のもっとも重要な生産要素です。資本は国内においてより安価な労働力を求め、国内の安価な労働力が乏しくなると、必然的に国外に労働力を求めることになります。グローバル化した資本は国境を超えて、どこの国・地域がより活動に有利かという判断をします。有利さを判断する大きな要因の一つが労働力の価格です。そのため、国内の労働力と海外の労働力との価格競争が生じます。そして、国内の産業の維持継続のために、国内の労働力の総体的低廉化が一層進行することになります。

日本での状況は以下のように考えられます。その動きの一つ目は、より低廉な労働力を求めるために、前述したように、家庭内の配偶者などを対象に、より一層多くの労働力、人材の供給を求める動きです。賃金の上昇を抑え、税制上も配偶者控除などを縮小し、一人の収入で家族全員が生活することが難しい状況が拡大することになります。共稼ぎがますます増加して、ごく普通の状態になります。二つ目は、雇用形態の変化、労働力の流動化です。流動化を阻害する終身雇用制が減少していきます。年功序列的な賃金体系も少なくなり、いわゆるジョブ型雇用も増えてきています。さらに終身雇用どころか正社員の減少が起こります。より廉価な労働力である、アルバイト、パートタイマー、契約社員、派遣社員などのいわゆる非正規雇用形態が増加してきます。本来、労働市場は、完全競争原理が適用できる市場ではありません。そのような原理が機能するのは、取引対象が均質で、貨幣等で直接換算可能なもので、かつ一種のゲームのように定まったルールの中で取引される場合に限られます。労働市場は、多様な個性、能力を持つ個々のヒトの様々な能力を、労働力つまり当該資本にとっての人材という物差しで切り取って、その対価を決めるものですから、対象の均質性がありません。また、労働市場の取引当事者は、多くの場合、継続的な需要を持つ企業と労働力を提供する一個人です。そして、多くの繰り返しの需要を持つ企業と個人との間の関係は、情報や交渉力などの様々な面で対等な関係ではないのです。株式や商品市場のような取引ルールがきちんと整備されているわけでもありません。つまり、労働市場は需給関係の対等な力関係がない市場ですから、完全競争原理が妥当しないだけでなく、労働力の流動化が賃金を実質的に低下させることになるのは当然なのです。非正規雇用の増大により労働者の利益代表である労働組合の組織率も低下し続けています。ここ20年余りの各種労働法制の改訂もこうした労働力の流動化、そしてその結果生じる低賃金化を推し進めてきています。近時の同一労働同一賃金に基づく法改正などは、あまりにも非正規労働が増えたことによる社会的不満に対する弥縫策に過ぎないと思います。何故ならそうした制度改正は、大量の非正規雇用労働者の存在を修正するものではなく、そもそも低賃金化を否定するものではないからです。さらには、法制度上労働者保護のための規制、制約が多い雇用という契約形式を避け、異なった契約形式、例えばフランチャイズ契約、請負契約、業務委託契約等の契約によって、実質的にはヒトの労働力を利用することも頻繁に行われるようになっています。こうした契約の形式にすることで、雇用を前提とした労働法制上の労働者保護の仕組みを回避することが行われているのです。

このように、資本がグローバル化することで、労働力の国際的競争がおこり、それが、国内においては、眠っている労働力を労働市場に供給させる制度を作ることになるとともに、その労働力の低廉化を可能にする制度を作ることになりました。さらに、次に述べるように、海外からの廉価な労働力を国内に供給する制度も始まっています。さらにはグローバル化する資本にとって、安価な労働力を海外から得ることが不利益となれば、資本自体が海外に移ることも行われます。必要となれば、国内の工場を廃止し、海外に工場を造るといった行動がとられるのは当然です。グローバル化した資本は、基本的に無国籍化を目指すのです。

なお、労働力不足を補うものとして、様々なロボット技術等が開発されています。科学技術の進展は、相当程度、ロボット技術や機械化などによって労働力不足を補う可能性があります。数十年の期間で見れば、それは労働力不足への一つの処方箋にはなると思います。しかし、それは「人材」をロボットに置き換える動きであって、資本の論理に基づく産業構造、経済構造自体を変えるものではありません。むしろ、その拡大は、ヒトを経済構造から排除する方向性すら含んでいます。労働力を提供して賃金を得ることで生活をする多くのヒトを、労働市場から排除することで、格差はますます拡大する可能性を考えておかなければならないように思います。ヒトは、その能力も性格も多様です。「人材」という視点の基準からは外れるヒトも数多くいることを前提に制度を考えなければならないのです。

②外国人労働者の受入れ

国内の労働力不足が進行すると、海外からの廉価な労働力を国内に供給することが行われるようになります。日本においても、後述するように少子高齢化がますます進む中で、経済が拡大再生産を続けるには、労働力が今まで以上に不足することが予測されています。そのため、今、海外からの労働力を呼び込もうという動きが加速しています。出入国管理に関する法令の改正や、技能実習生制度などが導入されました。この制度は制度の建前はともかく、実質的にはより安価な労働力を海外から導入する動きの一環です。世界的にみると、西欧先進諸国では日本よりずっと以前から、より安価な労働力を外国から導入してきました。経済規模が拡大を続けている間は、先進諸国の国内の労働力は比較的高賃金を維持し、発展途上国からの外国人労働力は比較的低賃金でという住み分けが行われ、外国人労働者の受け入れが進展していました。しかし、経済の拡大が減速すると、たちまち、国内の労働力と外国人労働力との競合関係が発生して、その結果、外国人労働力を排除しようという動きが出てきます。実際、ヨーロッパ諸国では多くの外国人を労働力として受け入れてきましたが、経済成長が鈍化、停滞するようになると、たちまち排外的な動きが起こり、混乱が生じるようになりました。難民問題を含む移民問題の主要な原因は、ヒトを「人材」として扱う資本の論理と、資本のグローバル化による国際的格差の拡大だと思います。別稿（国際格差考）記載のようにグローバル化した資本は国際間の経済力や労働力等の格差を拡大します。先進国と発展途上国（この表現自体が資本の論理に基づく表現です）間の労働力対価の格差によって、労働力の国際的移動が促進されます。また、外国人を「人材」とだけとらえ、その時点でより安価な労働力を求めるという発想が持つ問題点が顕在化したことがこの問題の基本にあります。短期の出稼ぎであれ長期間であれ、労働力だけに着目した制度はいずれ破綻します。生身のヒトは、その生まれ育った国の言語、文化を身に着けて人間になっているのですから、外国人を迎え入れるということは、丸ごとその言語も文化も受け入れることを意味します。当然ながら、その外国人労働者の家族が形成され子供も生まれます。そんな当たり前のことを、目の前の経済活動の拡大という資本の論理は十分に考慮せず、無視してしまうことが多いのです。その矛盾にいま西欧諸国は直面しているのだと思います。日本においてもより安価な労働力を海外、特にアジアの発展途上国に求める動きが加速しています。もちろん、グローバル化してゆく経済活動を支えるために、「高度人材」として外国人を雇用する例も増加していますが、圧倒的な割合の外国人労働者は低賃金です。しかし、ヒトを受け入れるということは、決して労働力だけ、ということにならない以上、西欧社会と同じ混乱がいずれ日本にも生じることになると思います。日本に住むようになった外国人たちが、安価な労働力であり続けることにはなりません。外国人労働者が「きつい」「汚い」「危険」といった、いわゆる3Kの仕事を担い続けることはあり得ないと考えなければなりません。少子高齢化による労働力の絶対数の不足が顕在化すればするほど、低賃金であることが外国人労働者を雇用する動機にはならなくなります。仮に外国人労働者の受け入れを拡大するのであれば、労働力に限定した発想を改め、多民族の国、多様な言語、文化、宗教などを丸ごと含んだ多民族、多文化国になることを予定した政策が必要だと思います。外国人の定義にもよりますが、日本には、現在およそ270万人、人口の2％の外国人が住んでいます。この数が欧米のように何倍にもなれば、多民族国家に近くなり、人口減少や、少子化にも変化が起こるかもしれません。多民族国家を受け入れるということは家族の在り方についても大きな影響を与えます。グローバル化する世界の一つの在り方かもしれませんが、そこに至るには、そうした将来像をきちんと国民が共有していることが必要です。欧米のように途中から、排外に転じることは大きな社会的混乱と不幸をもたらします。

2 家族への影響

家族の形成が、起源的には食料問題であったことを考えると、資本のグローバル化時代においての家族は、前述したように、雄は雌と子供のために食料を補給できなくなり、雌も、雄との間で継続的関係を作って家族を構成する必要性が崩れてきたということになります。結婚しないという選択をする男女がどんどん増えています。つまり、ヒトが動物として何万年も続けてきた家族という配偶システムの意味が急激に変化しつつあると思われます。経済的（本質は食料確保）側面の変化が、家族の存在意義を問う事態をもたらしているのです。

また、後に述べるように、夫婦という関係ができても、経済的負担を理由に子供をつくらないという夫婦も増えてきているようです。「一人っ子」もいない時代がより現実化してきているのです。その結果、高度成長時代の「核家族」ですら過去のものとなりつつあるようです。繰り返しますが、資本の論理においては、家族は必然ではありません。人材の供給にとって家族が必要であれば、資本の論理も子供を作る家族の形成・維持を求めることになるでしょうが、いわゆる発展途上国にまだ多くの安価な労働力、人材が存在する状況では、先進国において家族の形成・維持を求める資本の動きはあまり期待できそうもないのです。

資本の論理の方向性を示す指標があります。GDP（国内総生産 Gross Domestic Product）は国の経済力を測る指標としてよく用いられています。しかし、この指標は、家事労働などは全くカウントされない仕組みとなっています。一人一人が毎日外食産業で消費行動をとれば、GDPは増大します。核家族すら分解して、一人一人がバラバラに「人材」として収入を得るための労働力を提供し、それぞれが外食や宿泊などの消費行動をとる社会が豊かな国であるとGDPは主張していることになるのです。解体した家族に代わって商品としての教育を提供する産業が大きくなれば、ＧＤＰは増大します。こうした資本の論理に沿った指標を前提に、様々な政策立案やその実行がなされているとすれば、結果的に家族を解体する方向に向かうのは当然ということになります。

4　家族の現状と将来

[1]　統計に見る状況

厚生労働省の国民生活基礎調査（令和元年2019年）という資料によると、1953年（昭和28年）には、世帯数は1718万世帯、平均世帯人員5・0人でしたが、その後世帯数は増加し2019年（令和元年）には5178万世帯、その平均世帯人員は2・39人となっています。世帯というのは、国の政策を考えるうえでの概念で、一人か複数かを問わず、住居所の同一性と所得つまり生計が一つかどうかを主な基準にしています。世帯は家族とは異なりますが、世帯の数や内容の変化は家族の変化を考えるうえで参考になります。統計によると、その世帯構造には、①単独世帯、②夫婦のみの世帯、③夫婦と未婚の子のみの世帯、

④一人の親と未婚の子のみの世帯、⑤三世代世帯、⑥その他の世帯、が含まれています。そして、1986年（昭和61年）と、2019年（令和元年）を比べると、①単独世帯が18・2％から28・8％に、②夫婦のみの世帯が14・4％から24・4％に増加していますが、③夫婦と未婚の子のみの世帯は41・4％から28・4％に減少しています。④一人親と未婚の子の世帯も5・1％から7・0パーセントに増加し、⑤三世代世帯は15・3％から5・1％に大きく減少しています。
なお、この統計では②③④をまとめて核家族と呼んでいますが、④は、夫婦関係が破綻した場合や、未婚の母などが多く含まれていると思われ、この物語で言う核家族とは少し異なります。この物語で言う核家族は主に②と③ということになります。②と③の合計の割合はあまり変わりませんが、②が10％増え、③が10％以上減少しています。そして、この間で世帯数は大きく増えましたが、①と②つまり単独世帯と夫婦のみの世帯が全世帯の半分を超える状況になっています。要するに結婚しない者と配偶者がいなくなった者、そして結婚しても子供を持たな

い者が増えているのです。高度経済成長期の核家族化が急増した時期を経て、核家族すら成立しない時代へという家族の変化が、この統計から読み取れると思います。さらに今後の予測について、国立社会保障・人口問題研究所が、「日本の世帯数の将来推計（全国推計）」を公表しています。これによりますと、2023年（令和5年）に世帯数は5419万世帯でピークを迎え、その後は減少し2040年（令和22年）には、5076万世帯になり、平均世帯人員は、2・08人になると推定しています。世帯構造も2040年には、単独世帯が39・3％、夫婦のみが21・1％になり、一方夫婦と未婚の子の世帯は23・3％に減少するとされています。しかもこうした単独や夫婦のみの世帯の多くが高齢者で構成されることになっています。2020年には増大する単独世帯の36・9％、夫婦のみの世帯の54・6％は世帯主が65歳以上となっているのです。この物語でいう「家族」は日本においては急激に減少しつつあるということが示されています。繰り返しになりますが、ヒトも動物の一種として個体保持、種族保存の基本的欲求を満たすため、その基本となる食料確保の要請から、家族が形成されたと私は考えているのですが、これらの統計が示すところは、家族の形成について、少なくともこうした基本的欲求行動がうまく機能していないということです。それはあえて言えば、個体保持欲求行動の拡大と種族保存欲求行動の減少と言えるかもしれません。もちろん、動物の種としては、個体保持欲求だけでは絶滅してしまいますから、いかに種族保存行動が維持されるかが重要なのです。

2 少子・高齢化の原因

日本は、少子化と高齢化がともに世界でも最も進行している国の一つです。いずれも家族のこれからを考えるうえで極めて大きな問題です。まず、少子化を考えてみます。少子化とは出生率（合計特殊出生率・15歳から49歳の女性の出生率）が低下し、人口を維持するのに必要な水準（日本では2・08）を相当期間下回っている状況と定義されています。出生率は1949年のベビーブーム時は

4・32だったのですが、2019年には1・36となっています。簡単に言うと、男女二人で二人以上子供が産まれないと人口は維持できませんが、今や1・36人しか子供が産まれていないということです。

少子化の原因については、内閣府の報告では、非婚化、晩婚化、晩産化、女性の社会進出、価値観の多様化などがあげられています。何が最も大きな要因でしょうか。日本では子供の97%が嫡出子つまり婚姻した夫婦間の子供ですが、ここ30年程の間に「有配偶者出生率」は減少していません。つまり、結婚している夫婦間の出生率はそれほど下がっていないというのです。しかし、未婚率は大きく増大しています。生涯未婚率（50歳時の未婚割合）は1980年（昭和55年）では男2・6%、女4・45%だったのですが、2015年（平成27年）には男23・37%、女14・06%と急速に増加してきています。要するに結婚をせず、子供も産まないという割合が増大しているのです。そうなった原因について政府の報告書では、女性の社会進出と価値観の変化を挙げるにとどまっているようです。

また、経済的要因、子供を持つことによる経済的負担の増加を指摘する意見もあります。

一方、高齢化は人口に占める65歳以上の人口の割合で語られます。間違いなくあと数十年は日本の高齢化率は、少子化の影響もあって、上昇し続けることになります。これ自体を止めることはできません。少子化も高齢化も、即効薬はなく、長い期間の見通しの中で考えざるを得ませんが、最後は、出生率を上げることに帰着します。少子化対策が基本ということです。

少子高齢化についての政府の要因分析と対策について少しふれておきます。先に述べた政府の報告書の記載は、少し踏み込みが足りないように思います。政府が少子化対策を語るとき、少子高齢化による労働人口の減少がもたらす経済活動の縮小をまず指摘し、その結果として起こる福祉や年金制度の破綻懸念を語り、これまでの「豊かな暮らし」が維持できなくなることが問題だと述べています。

それはその通りなのですが、それは、拡大再生産を続ける経済活動が、あるべき姿だということを当然の前提にしていることになります。ＧＤＰの拡大イコール「豊かな社会」であり、「あるべき社会」ということなのです。

現在、「働き方改革」という施策が政府によって進められています。この施策が立案された理由は、まさに少子高齢化による労働力不足への対策です。そのキャッチフレーズである「一億総活躍社会」は、「少子高齢化に歯止めをかけ50年後も人口1億人を維持し、家庭・職場・地域で誰もが活躍できる社会」を目指すとされています。修飾語を省くと、高齢者も女性も皆が労働力となってください、労働力となることが活躍することです、という意味に読めます。働き方改革においては、長時間労働の是正、正規・非正規の不合理格差の解消、柔軟な働き方の実現の三つが柱とされています。それは、労働力の安価さを求めて実行されてきた労働力の流動化政策により生じた問題への対処です。そして労働環境を改善して、労働力の減少に歯止めをかけようというものです。経済発展の基本と考えている労働力、人材の確保という要素を大前提にした上での調整的政策にすぎず、本質的解決策にはなっていないと思います。しかも、グローバル化してきている経済界からは、当分労働力の流動化をやめようという意見が出ることは期待できません。

日本は、どうやっても今後50年は少子高齢化の進展が続くことを前提に考えていくべき状況にあります。少子化の原因について、これまでにも述べてきたように、大きく二つの要因があると私は考えています。まず、資本主義社会の進展という社会経済的要因です。それは、ヒトを「人材」として産業の労働力として取り込む仕組みが拡大してゆくことで、村落共同体、あるいは家庭から、男女を問わず個々のヒトを、労働市場に駆り立て、より安価な労働力としていく動きです。そして、もう一つは、個人の評価においても、自己実現といった、その多くは「人材」としての評価である価値観が普遍化したことだと考えています。日本における少子高齢化に対処するには、この二つの要因に対する検討と修正が必要ではないかと思います。しかし、現実の政治、経済の動きは、労働力不足による経済の落ち込みを新たな労働力で補おうという方向と、一人一人が今まで以上の豊かさを求めることで、人口減少による消費の落ち込みをカバーしようとする方向のようです。こうした動きはこれからの家族を考えるうえで、大きな影響を持っています。この政策の方向は、永遠の拡大再生産が可能だということを前提にした資本の論理に依拠していると考えられます。今問われているのはこの前提自体なのだと思うのです。

3 考えるべきこと

「家族」という配偶システムは、群れを作る動物であるヒトが、狩猟革命によりヒト属となった時に成立したと考えています。配偶システムは種族保存行動が効果的に継続され、子孫を残してゆくために、その動物の環世界の中で選択されます。その選択要因は種々ありますが、中心的要因は個体保持と種族保存行動のための食料確保です。種が継続するには子孫が生まれ、成長するまで食料によって命が保持されなければならないからです。ヒトについていえば、環境変化によって食料確保のために狩猟革命が起こり、それによって種族保存行動つまり出会い行動、繁殖行動、保育行動がより効果的となる配偶システムとして「家族」が形成されたのです。さらに農業革命によってヒトは食料の余剰を持つようになりましたが、継続的食料確保のため、村落共同体を形成し、その組織の継続のために「家族」という配偶システムを強化してきたのです。しかし、これまで述べてきたように、余剰の拡大によって資本革命が起こると、村落共同体は解体され、個人は帰属集団から切り離されるようになりました。そして、個別のそれも資本の論理に沿った評価の仕組みで測れる「人材」になることをヒトは求められるようになりました。それに加え、個人の独立、自立が支持される思想が普及するようになり、その思想が資本の論理によって「人材」の評価に収斂されるようになり、その結果、家族という最小限の集団も、配偶システムとしての役割を弱体化しつつあるというのが現状なのです。こうした現象は資本主義社会が進展した社会に顕著な現象ですが、資本主義が世界を席巻するという予測が正しいとしたら、いずれは世界中で起こる現象となります。

考えるべきは、ヒトは群れを作って生きる動物だということです。個体保持も種族保存も集団の中の仕組みが機能しなければ成り立ちませんし、種の存続も不可能なのです。食料獲得行動も、出会い行動、繁殖行動、保育行動も、全て集団の中で行われます。ところがこうした機能を持つべき集団が、資本の論理に沿った経済行動の拡大と個人の価値を「人材」評価という物差しで問う思想の進展によって変質し始めているのです。

しかし、ヒトが集団の中で生まれ、そこで成長し、種族保存行動をする存在だという基本から考えると、そうした機能を担う集団が存在しなければならないことは明らかです。ところが個々のヒトと群れ、集団との関係の重要さについての検討は不十分なままです。社会学などの分野で組織についての議論はありますが、それらは、目的を持って集まったヒトの集団、ヒトの意思や意図を起点にして集団を考えるという発想で論じられています。結果として二次環境で生まれた集団しか対象としていないのです。ヒトの群れ、集団は、そもそも二次環境が形成される以前に成立しています。ヒトの基本的な集団は、個々のヒトの意図や意思によって生まれたものではありませんから、これまでの議論は、配偶システム選択の要素としての集団の性質を全く議論できないのです。わかりやすく言えば、少なくとも農業革命以前の狩猟採集によって食料を得ていた何百万年もの間に、ヒトの群れが、どのような機能や性質を持っていたのかをまず考える必要があるのです。その頃の群れは、現代の用語でいえば、家族や血縁的集団、地縁的集団に相当する集団であったと考えられます。そうした集団は、個体保持や種族保存、そのための食料確保が機能するためのものでした。現代の高度化した二次環境で生まれた集団、組織が影響力を高めれば高めるほど、改めて本質的な群れ、集団の持つべき機能を深く考えなければなりません。そのためには、ヒトが動物であること、ヒトの欲求や行動が動物としての欲求や行動に深く根差していることを自覚し、ヒトはかなり特殊な動物ではあるが、特別な存在ではないこと、つまり、人間中心主義からの発想を超えることが必要なのです。

現在のいわゆる先進国の状況を考えると、SDG'sでは不十分で、資本の論理の中に、家族形成を支援する価値観を持ち込み、「人材」への評価システム自体の変革と、その前提となる資本の論理の価値観について基本的な変革をしなければならないと思われます。私は、経済活動の実質的主体である法人、とりわけ営利法人の組織原理、存立目的自体に新たな社会的価値観を入れ込むことができれば変化の要因になりうると考えています。法人である以上法律でその仕組みを作ることは可能ですから、家族形成を支援すること自体を営利法人の目的に加えることも可能なのです。もっとも、そのためには社会が資本の論理自体の変更を理解しなければなりません。さらに、そうした変革のためには、資本の論理は推奨する「豊かさこそ幸せ」「物があふれ、便利さや快適さに満たされることが幸せ」という価値を見直す必要があるのです。それらは、ヒトが生命樹の先端で動物として持っている欲求のほんの一部が、二次環境の中で異常に拡大変化した欲求に過ぎないのです。繰り返しになりますが、ヒトは二次環境を持つことでヒトとなったのですから、欲求の修正も二次環境の中で達成しなければならないのです。

第2章

環世界考

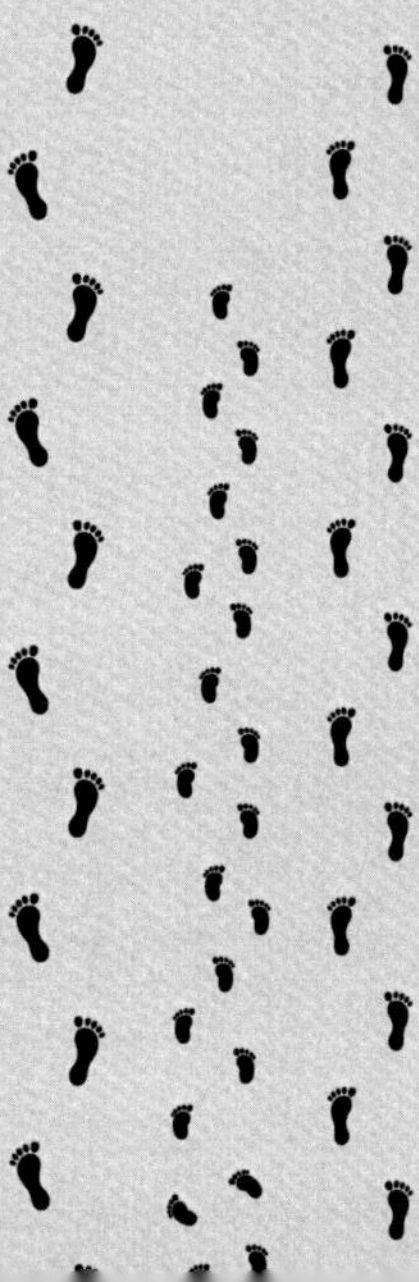

1　環世界とは

「環世界」という言葉を知ったのは、『生物から見た世界』（日高敏隆・羽田節子訳　岩波文庫）を読んだ時です。「環世界」という考え方の提唱者ヤーコプ・フォン・ユクスキュルは、「普遍的な時間や空間（環境）も、動物主体にとってはそれぞれ独自の時間・空間として知覚されている。動物の行動はそれぞれの動物で異なる知覚と作用の結果であり、それぞれの動物に特有の意味をもってなされる」と言っています。日高敏隆はこれを「環世界」と訳し、人間にも当てはまる、と述べています。そもそも動物が持っている感覚器官は実に様々です。ユクスキュルはマダニの感覚器官と行動様式を例として挙げています。マダニは、視覚も聴覚もなく、嗅覚、温度感覚、触覚だけでひたすら哺乳類の接近を待ち、接近を知って取りつき、吸血をして産卵をするという行動をとります。マダニにとって、環境はどのように感じられているのでしょうか。ある生物にとっての環境は、その生物が持つ体内感覚も含めた全ての感覚器官を基にして構成されています。動物の行動はすべて、何らかの感覚器官からの刺激の受容から始まります。たとえば、体内感覚としての空腹感が生じ、視覚や嗅覚などの感覚器官からの刺激・情報によって食料を得る行動が起こります。食料の種類や獲得方法は動物によって様々ですから、感覚器官もそれに必要な感覚器官になっています。動物によって感覚器官の種類も機能も異なっているのです。ヒトの感覚器官が全能で、他の動物の感覚器官がその一部の能力しか持っていないというわけでは全くないのです。光を感知する器官を持つ生物であっても、感知できる範囲は異なります。ヒトは、いわゆる可視光線（波長約380㎚～780㎚）しか感知できません し、その範囲内でも色や明暗の区別は網膜細胞や視神経細胞が持っている感度の範囲（閾値）内でしか把握できません。つまりそれぞれの動物の感覚器官が持っている一定の閾値に達しないと区別ができない、つまり知覚できないのです。一方、紫外線や赤外線を可視光線に含んでいる動物は少なくありません。さらに色や明暗の区別もヒトと異なっています。昆虫などは複眼で、数千のレンズを通した情報を使って見ています。色や光の三原色もヒトの世界の話であって、異なる動物はいくらでもいます。音に対する感覚も同様です。ヒトは、可聴域（約20Hz〜20000Hz）の音波で、しかも一定範囲の強さしか聞こえませんが、ヒトには感じ取れない高周波や低周波の音、かすかな音を聞き分ける動物は数多くいます。嗅覚に至ってはヒトの感覚は相当鈍感です。ヒトにとって、視覚や聴覚に比べて嗅覚による情報がそもそも少ないこともあって、嗅覚の仕組みがある程度解明されたのは20世紀末で、視覚と比べると遙かに研究が少ないようです。犬の嗅覚がヒトの何千倍も敏感なことはよく知られていますが、昆虫にしてもあるいは水中で生きる魚類にしても、その感覚世界はヒトの嗅覚の延長線上にあるとは考えられません。赤外線を感知し、複眼で「見る」昆虫の花畑、水生生物の臭いの感覚、ヒトにとっては暗黒としか考えられない洞窟の中で超音波を使って飛び回る蝙蝠の世界、嗅覚と温度センサーだけを使って長期間恒温動物が通りかかるのを待ち続けるマダニの世界、こうした世界をヒトが感覚的に理解することは到底できないのです。環境の温度変化で活動が変化する変温動物にとって、気温の変化は、恒温動物であるヒトの感じる環境変化とは全く異なっていると思います。変温動物にとって温度変化は、体の活性化に結びついています。そうした動物にとっては、気温の変化は、自己の活動の変化でなく、他の動物の活動量の変化と感じるかもしれません。あるいは、その動物にとっての時間（その感覚があるとして）が変化したと感ずるかもしれません。時間もそれぞれの生物で異なっていると考えるべきです。「ゾウの時間 ネズミの時間」の著者（本川達雄）はゾウとハツカネズミの時間は18倍違うといっています。ハツカネズミにとって、ゾウの動きは超スローモーションと感じられるはずです。環世界という考え方が示す要点は、動物はそれぞれの感覚器官が受け取ることのできる刺激で構成される環境によって生存が規定されているということです。それは、ヒトにも当てはまります。つまり、それぞれの動物の差異は、それぞれの動物のもつ環世界の違いとして現れるのです。環世界を問うことは、陸上、水中といった客観的環境の違いだけではなく、そうした客観的環境やその動物の体内環境も含めて、その動物が環境をどう把握しているのか、その動物にとっての環境は何かを問うことなのです。なお、説明のために客観的環境といった言葉を使いますが、主観自体が環世界の中で生成するということが重要なのです。

なお、動物はその動物の持つ感覚器官で刺激・情報を受け取りますが、すでに述べたように、感覚器官自体の持つ閾値によって刺激・情報は限定されます。さらには神経細胞組織によっても制限、変形されます。感覚器官の閾値内の刺激であっても、脳神経細胞群はさらに取捨選択をして、その動物の生存に必要かつ有効な刺激・情報を構築しているのです。受け取り得る刺激・情報のさらに一部を取り込んで脳細胞群で作り上げているのが動物の受容した刺激・情報であり、それが環世界の構成要素なのです。錯覚やそれを利用しただまし絵、3Dやホログラフィ等の立体視、サブリミナル効果、逆さ眼鏡の研究など、ヒトの視覚の分野だけでも、見るという行為自体が脳神経細胞群によって造られていることは明らかになっています。意識するしないにかかわらず、動物として生存していくために、見たいものしか見えず、聞きたい音しか聞こえないのです。見たい、聞きたいという意味は、意識しているという意味ではなく、動物として生存のために必要な情報だけを加工して受容することによって環境を構築しているという意味です。

ヒトも動物の一種ですから、ヒトの環世界もヒトの感覚器官と脳神経細胞群で得られた環境に過ぎないのです。ですから、様々な生物の感覚器官などの研究が進めば進むほど、ヒトには全く実感できない刺激を受け取り、行動をする生物も発見されると思います。ヒトは全てを知っているわけではないのですから。そういう意味では、ユクスキュルの「普遍的な時間や空間」という発想自体が人間中心主義的な視点に傾いている可能性があります。もっとも、ユクスキュルは「われわれが研究しようとする、動物の環世界とは、我々が動物の周囲に広がっているると思っている環境から切り出されたものに過ぎない。そしてこの環境は我々に固有の人間の環世界にほかならない」とも述べています。この表現が、「我々」即ちヒトが思っている環境つまりヒトの環世界から切り出されたものが動物の環境だ、と述べているとしたら疑問ですが、ヒトが認識していない感覚器官による動物固有の環世界がありうるということを説明しようとしているとも読めるのです。人間中心主義的視点への警鐘を含んでいるとしたら、さすがという気がします。なお、環世界について、アフォーダンスという言葉で環世界を理解しようという議論があります。しかし、アフォーダンスという言葉が、主体がその周りに広がっている環境から受容できる世界を環世界と呼ぶと述べているとしたら、本質的には不十分な議論だと思います。主体自体がヒトの環世界つまり後に述べる二次環境の中で生まれたものだという点を意識できていないと考えられるからです。

ところで、ヒトは、現在、自らの感覚器官では感知しえない赤外線や紫外線、あるいは超音波も存在することを認識するようになっています。本来の動物としての感覚器官によって得る刺激や情報を超える刺激や情報の存在を認識するようになっているのです。そのために、ヒト以外の動物の環世界をヒトの認識できる世界の一部と考えがちになります。しかし、それはあくまで現時点での知見にすぎないのです。

なお、環世界とは客観的に動物を取り巻いている自然環境の「一部」ではなく、あくまで当該動物によって主体的に受け取られる刺激によって構築される環境です。刺激は、動物が種として生存してゆくための行動つまり個体保持行動と種族保存行動を引き起こすことで初めて「刺激」になります。つまり、その動物により受け止められた刺激と動物の行動の相互作用が環世界の意味なのです。

2　動物とヒトとの環世界の違い

動物の環世界とヒトの環世界との違いを考えるポイントは、前述したように、ヒトは動物として本来持っている感覚器官では受容できない刺激の存在を認識するようになった、という点です。何故そんなことが可能になったのかを考えてみます。

ヒトも動物の一種ですから、基本的にはヒトの感覚器官を基にして構成された環世界を持っています。体内感覚、可視光線による視覚、可聴域の音による聴覚、触覚、嗅覚、味覚等によって得た刺激を基に個体保持や種族保存の様々な行動を起こしているところは、ヒトも他の動物と何ら変わりません。動物の行動は、食料を得て個体の成長と保持を行い、種族保存行動をして死亡する、という基本的には単純なものですが、ヒトも基本は同じなのです。

しかし、ヒトは、現在では可視光線の範囲外の光や可聴域を超える音が存在することを認識しています。どうも、ヒトは、動物の環世界と異なる環世界を持つようになったようなのです。結論からいうと、ヒトの環世界は二重構造になっているのです。他の動物と同様の、感覚器官によって構成された環世界と、ヒト独自の環世界です。それらを私は一次環境と二次環境と呼ぶことにしました。

ヒトが二次環境を持つようになったのは、新たな感覚器官を手に入れたからではありません。類人猿とヒトとの感覚器官はほとんど同じだと思いますが、類人猿はヒトのような二次環境を持ってはいないと思います。二次環境が成立する最大の要因は、抽象化能力の発達です。そして、群れで生きる動物であることと、発声器官の変化による言葉の獲得です。食料の問題からヒト属が成立したのは500万年ほど前と私は考えていますが、そのヒト属成立のメルクマールは直立二足歩行でした。直立二足歩行の結果、脳神経細胞群の発達と発声器官の変化などが起こり、群れの新たな情報伝達能力として、ヒトは言葉を持つに至ったのです。

言葉の獲得について私は次のように考えています。言葉は、単なる音ですが、それが言葉として成り立つのは抽象化能力の発達のおかげです。抽象化能力の基本は、複数の区別される物の関係性、共通する性質を感じ取るところから始まります。言葉は、個人の中で、この抽象化能力によるイメージの形成がなされることと、そのイメージが集団内の複数の者に共有されることで言葉となります。抽象化能力の内容は、物事を区別する能力と区別された物事の共通する性質、特色を把握する能力が基本となっています。私は、これらを集合論で使われる同値類別という言葉で呼びたいと思っています。そして、そうした同値類別能力はヒトであれば脳神経細胞群の構造・仕組みの中に備わっていると考えています。さらに、その構造・仕組みは、個々のイメージを一定の文法構造で配列することで、より抽象度が進んだメタ・イメージを生むとともに、いわゆる文章として成り立つ仕組みを持っています。そして、そうした個々のイメージを生む能力と、その増幅装置ともいうべき文法構造を含む脳神経細胞群の構造・仕組みを持つようになったヒトが発する音声が、群れを構成しているほかの個体との間で、イメージの共振、共有状況を生み出すことで言語が成立するのです。普通名詞、動詞、形容詞等の単語を獲得する過程が言語獲得の入り口です。幼児は1歳頃から単語の理解と発語しはじめ、2歳頃には文章を理解し発話するようになります。ヒトは生まれ落ちた集団の中で母国語を獲得するのですが、後に別の言語を学習することもできますし、異言語間の翻訳も可能です。これらのことは、ヒトの脳に基本的な言語獲得を可能にする仕組み、脳神経細胞群の構造が存在していることを示しています。ノーム・チョムスキーのいう普遍文法はこの脳神経細胞群の構造のことを示していると思います。

一例として、まず、幼児が普通名詞であるコップという言葉を覚える過程を述べてみます。AとBという二つの物が、形や色は違うけれど、ともに液体を飲むのに使われる窪みを持っているという性質を理解することがまず必要です。AとBの区別とそれらの共通性の抽出能力です。そして、それらが親の発するコップという音と結びついたとき、つまりコップという音と液体を飲む容器という性質が結びついた時にコップという言葉が獲得されるのです。いつも一つの特定の物だけが示されている場合は、その特定の物がコップという固有名詞となり、色や形が異なればそれはコップではないので、普通名詞としてのコップという言葉を獲得したとは言えません。全てが特定の物と結びついた固有名詞しかなければ、言語にはなりません。個別のヒトがそれぞれ、個別の物に個別の音を対応させたとしても、他者との会話は成り立たないからです。液体を飲むいくつもの形や色などの異なる容器を示され、それらも親がコップと呼ぶことで、より抽象化した性質に対してコップという普通名詞が成り立つのです。また、言葉は、それぞれのヒトの作るイメージが、似たような共通性を持つことで言葉になります。似たような、という意味は、個々の幼児が仮に同じようなコップという音を発したとしても、それぞれの抽象的なイメージが一致するとは限りません。群れ、集団の中で、物と音との関係をすり合わせ、修正が繰り返されることで、ほぼ同じようなイメージと音との対応が形成されるのです。そして獲得した言葉は、言葉自体の関係性の中から次々と新しい言葉を生み出します。イメージとイメージの共通部分、重なり合いが新しいイメージを生み、音と結びつくことで新しい言葉となります。そして言葉自体が群れの中で共有されることで言語の構成要素である単語になるのです。このような言葉の獲得過程は、動詞でも形容詞でも基本的には同様と考えられます。そして単語の獲得は、同時にそれを一定のルールに従って並べることで文章を形成します。前述したように、そのルールを文法と呼ぶとしたら、文法は、脳細胞群の仕組み、構造の形成によって生まれるのです。だからこそ、異なった言語同士でも、制約はありますが翻訳が可能であり、音に依拠しない思考も成り立つのです。ヒトは、生まれ落ちた群れ、集団、その最小単位は母子関係と家族だと思いますが、そうした集団の中で、言葉を習得して、ヒト特有の二次環境を形成してゆくのです。ヒト属が成立した500万年前以降、ヒトはこの単語を理解しそれを文章にするための、抽象化能力と書き込み未了の文法構造という基礎的な脳神経細胞群の構造、仕組みを発達させてきました。発達が十分でなかったヒトの種は滅んだのではないかと思います。そうした能力の上に、具体的単語を学習し文章を構築するのは、生まれ落ちた集団との関わり方です。何を書き込むのかは生まれ落ちた集団次第なのです。

なお、言葉の持つ本質的な矛盾についても一言ふれておきたいと思います。国語辞典などである単語を調べ、その説明で使われている単語をさらに調べるという作業を続けると、意味が拡散するか、循環することがよくあります。言葉が音と結びついた脳神経細胞群の励起状態に対応するイメージであることからすると、イメージをイメージで説明する作業は、それを続けることで、特定のイメージに収斂するか、重なり部分を失って拡散することになるのです。また、この文章も含めて、言葉で言葉を語ることは本質的に自己撞着することになります。さらに、区別と抽象を本質とする言語では、AであることとAでないこととは両立しないことが前提となっていますが、両立することを考える必要がありうるのではないか、メタ言語はありうるのかなど、言語の限界、不安定さは十分に覚悟しなければならないのです。なお、記号論理学などでは、可能な限り曖昧さを排除した記号（それ自体が言葉を使いやすくした文字です）を使って多くの事象を「論理的」に記述しています。それによる思考が様々な分野に有用だとすれば、その仕組みがヒトの生存に有用だったからと考えられます。

ヒトは言葉の刺激によって、そのものが目の前にはなくとも、あたかも目の前にあるかのように想起できるようになります。言葉は、単なる音ではありますが、ヒトの脳神経細胞群の中で、いわば新たな現実を造ることができるのです。それはヴァーチャル、仮想現実ですが、ヒトはその刺激によって現実に行動を起こしますから、言葉はまさにヒトの環世界を構成するものなのです。それを二次環境と呼び、ヒトは二重構造の環世界を持っていると考えるのです。

なお、一次環境も感覚器官を通して得た刺激によって脳神経細胞群が活性化した状態が生じる、という意味では仮想と言えますが、そこから抽象化によって生まれた二次環境は、はるかに仮想性が高いのです。ヒトは一次環境の上に二次環境を作った動物なのです。二次環境はヒトの抽象化能力に支えられて、主には言葉によって構築されています。そして言葉は言葉相互の関係によって抽象化の度合いを高めていきます。そうした言葉が刺激・情報となることでヒト特有の行動が引き起こされるようになったのです。単なる音に過ぎない言葉によって構築された世界は仮想世界と呼べるものですが、空想ではなく、ヒトの現実の行動につながる環世界なのです。

抽象化能力と言葉の発展は、ヒトに様々なイメージ、概念をもたらしました。たとえば、知っていることと知らないことの区別をヒトにもたらしました。ある物とない物の区別も可能になりました。重要なことは、「知らないことがある」「ない物がある」という認識です。その認識から、時間的にも空間的にも、私の言葉で言えば「不可知世界」をヒトが持つようになり、精神世界、霊的な存在や死後の世界、さらには宗教などが生まれたと考えられるのです。また、数の概念も抽象化能力が生み出したものです。物の個数あるいは順序のイメージから、数という性質を抽出するのは、相当な抽象化が必要です。複数ある木の実を見て、「ななつ」あるいは「SEVEN」という言葉を対応させるのは木の実自体の性質ではなく、まさに抽象化された個数という概念が成立して初めて可能になるのです。「ゼロ」の発見はさらに後になります。「ゼロ」の概念の発見はおそらく数千年前でしょうが、数字としての「ゼロ」の使用は7世紀のインドが初めてといわれています。さらに、せいぜい数千年前からではありますが、音である言葉に図象を対応させることで、ヒトは文字を持つようになりました。文字の獲得は言葉が持っている情報の保存や承継、拡散にとって大変大きな効果をもたらしました。その結果、二次環境はますます拡大することになったのです。

言葉を持たない（と思われる）霊長類も、感覚器官を通して得られた情報を元にした初期的な抽象化能力を使って、ある程度のイメージは持っているでしょう。イメージとは、特定の脳神経細胞群の活性化状態に対応します。空腹感から給餌を求める鳴き声や、天敵の襲来を伝える鳴き声などは、音による情報伝達という意味で言葉の原初的な機能を持っていますが、しかし、様々なイメージに音声を対応させ、言葉を獲得したのはヒトだけです。

また、ヒトの高度な抽象化能力は、言葉以外の情報伝達・保持手段あるいは思考手段もヒトにもたらしました。図形や絵画、音楽、などがこれに含まれます。言葉によらない思考もあります。囲碁や将棋などの読み（思考）もルールを知るまでには言葉を使いますが、その先は言葉によらない思考です。先天的な聴覚障害がある場合、音による言語は獲得できませんが、身振りや図形、文字などの視覚情報を使って文章を作りコミュニケーションをとることができます。音以外の刺激であっても思考ができるということは、刺激の種類に関係なく、脳神経細胞群の構造、仕組みが形成されているということを示しているのです。チョムスキーの普遍文法は言語を対象にしているようですが、実は言語に限られないもっと広い枠組みを持っているようなのです。もっとも、様々な刺激を使用して情報伝達ができるとしても、音による言葉が最も情報の保持や伝達に適した手段だと考えられます。空気中の振動である音は一度の多くの者への伝達も、多少離れた者への伝達も可能ですから、集団内のコミュニケーション手段として優れているのです。ヒトは、主に言葉によって、実に多くの刺激・情報を含む環世界（二次環境）を形成してきています。一次環境では行動の引き金や目的になり得ない物や事柄が、二次環境を形成したヒトにとって行動の引き金になるのです。個人とその個人が属する重層的な集団の関係も、二次環境の中に実在するようになります。目に見えようがない大きな集団になればなるほど、集団に名前を付け、集団のシンボルを造ることなどで、実在するもの、つまりヒトの行動に影響する存在になります。現代で言えば会社や国家はまさに言葉がなければあり得ませんし、二次環境でしか存在し得ないのです。

ところで、抽象とは捨象で成り立っています。動物の環世界の内、一次環境において、その動物の生存に必要な情報以外は相当程度捨象されますが、二次環境では、さらに多くの情報が捨象されることになります。抽象化されて脳神経細胞群の中に浮かんだイメージに音声を対応させることで言葉を成立させた場合、結局は、多くの情報を捨象した中から残ったイメージが言葉の内容になるということです。私は、この一次環境や二次環境を形成する中で捨象された部分を復元する行為が、音楽や絵画などのいわゆる芸術の主要な要素になっているのではないかと考えています。言葉にできない美しさ、情感があるということは、言葉が形成される過程で捨象されてしまうイメージが存在することを示しているのです。

抽象化能力を基本としつつも、二次環境を形成するうえで、重要なもう一つの要素、能力がヒトにはあると私は考えています。それは、いわゆる共感力と呼ぶべき能力です。二次環境、とりわけ言葉は集団との関係の中で形成されます。ヒトは、生まれた時には二次環境を持っていません。ヒトは動物の中で最も長い成育期間を経てヒトになりますが、その期間中に二次環境が形成されます。生まれ落ちた集団、群れから様々な刺激・情報を長期間受けることによって、ヒトの二次環境は形成されるのです。そして、その形成には、共感力が必要だと考えられるのです。他の個体が様々な刺激や情報に対しどのような反応・行動をとるのかを、自分のことのように感じる能力です。霊長類でのミラー細胞の発見という研究報告がありましたが、他のサルが何かにぶつかって痛がると、それを見ていた個体の脳神経細胞の痛みを感じる部位が反応するのです。他の個体の反応や行動を自分のことのように感ずる共感力があって初めて、刺激・情報に対する自分の反応を他者との関係の中で記憶し理解することができるのです。それによって他者とのイメージの共通性が生まれ、言葉を獲得できると考えられるのです。同値類別を基本とした抽象化能力と、それを共有する共感力、共感能力があることで言葉が獲得できるのです。

ヒトが二次環境を発達させたのは、それが生存、つまり個体保持と種族保存に多少なりとも有効だったからです。集団で行うヒトの狩猟にとって言葉は大きな役割を果たしました。さらに、個々の個体にとっては、群れの中でより優位になることが、二次環境の充実によって得られるのです。一方、未熟な状態が長期間継続し、その間の様々な刺激で二次環境を充実させるために、ヒトは、いわゆる好奇心を発達させたと考えられます。霊長類や一部の鳥類などでは好奇心による探索行動が見られますが、ヒトはより強い好奇心を持つことで二次環境を充実させる欲求を持ったのです。ヒトがヒトとなるのは二次環境を形成するからですから、二次環境の形成充実を求める欲求として、未知の物事を知ろうとする好奇心という欲求が存在し、それが学習や教育につながることになったと考えられるのです。

なお、ヨハン・ホイジンガは、ヒトの様々な行動の内「遊び」を正面から論じ、ヒトは遊ぶ存在だと述べて「ホモ・ルーデンス（遊戯人）」と名付けました。その議論を受け継いだロジェ・カイヨワは「遊びと人間」を著し、様々な遊びを収集・分析し、その特徴や性質を指摘し、遊びは人間文化のルーツと述べました。しかし、ヒトは二重構造の環世界を持つ動物と考える立場からは、少し違った見方ができるのではないかと考えています。少なくともカイヨワが遊びの特徴として挙げた「非生産性」「生活上の必要性に乏しいと考えられていること」などの特徴は、二次環境の拡大とともに生まれた余剰がある社会、特に資本革命以降において成り立つ視点です。余剰がない狩猟採集時代のヒトも遊んでいたとすれば、ヒトは動物の一種ですから、遊びの本質は種として存続するうえで有効な行為・行動であると考えることが必要だと思います。また、生産性という概念は、余剰を生むこと、あるいは余剰の拡大に寄与する行為を前提に成り立っていると考えられるからです。遊びは二次環境の拡大発展に有効な行動だったのです。集団の中で二次環境を形成してゆくということは、集団との関係、他の個体との関係の作り方を学ぶことでもあります。そうであれば、カイヨワが遊びに共通する特徴と指摘した競争性やルールの存在などは二次環境形成のための要素と言えるのです。そして、おそらく前述した共感力や好奇心の発達にも関係する行動ではないかと考えています。

3　環世界と欲求

環世界は、ある動物が受容できる刺激・情報によって、主体的、主観的に成り立っています。そして、その刺激・情報はその動物に何らかの反応・行動を引き起こします。では、反応・行動はなぜ起こるのでしょうか。ヒト以外の動物は、個体保持行動や種族保存行動を、その動物の環世界から受ける刺激・情報を引き金として起こします。天敵の接近が刺激となって巣穴に逃げ込みます。空腹感の情報は、食料を探す行動を起こしますし、獲物を発見すればそれが刺激となって食料獲得行動が起こります。発情期のサインを見ると、種族保存行動、繁殖行動が起こります。群れを作る動物では群れから逸れると、群れに戻ろうという行動を起こします。群れを作るニホンザルでは、個体保持や種族保存を群れの中で有利に達成するために、他の個体との関係で優位になろうとする行動を起こします。そして、動物をこれらの行動に駆り立てる情動を欲求と呼びます。ヒトの行動も欲求という情動に起因しているという点では他の動物と同じです。しかし、ヒトは二次環境を持つことで、欲求を引き起こす刺激・情報がより抽象化され、二次環境に「実在」する物事にまで拡大しているのです。ヴァーチャルな世界の物事であっても、それがヒトにとって受容できる情報・刺激となり、欲求の対象、引き金となることで反応・行動が引き起こされるのです。ヴァーチャルな世界の物事であっても、反応・行動の引き金になるという意味で、それらの物事は「実在」していると言えるのです。

しかし、二次環境に実在する物事が欲求の対象になると、その欲求の由来がわかりにくくなります。いくつか例を挙げてみます。たとえば、ヒトが「明日」という概念を発明したことから生まれる、明日の狩猟の成功を精霊に祈る行為は、明日への不安を避けようとする行動ですから、個体保持欲求、危険回避欲求を基にした行動です。また、二次環境であるからこそヒトの行動を引き起こす貨幣は、一次環境では食料でも危険物でもなくヒト以外の動物の行動に影響を与えることのない物、欲求の対象とならない単なる金属片や紙にすぎません。しかしヒトが貨幣を欲すること、価値を認めることは、結局優越的地位を得る欲求や、食料獲得欲求を基に成り立っているのです。また、ヒトは言葉を得たことで、様々な行動の基準や価値基準を作り上げ、それを根拠に行動しているのですが、そうした基準が基準たりうるのは、ヒトの一次環境に由来する基本的欲求に沿っているからなのです。そうした基準の多くは、必ずしも自覚的なものではありません。しかし、その基準や拠り所を否定されると、ヒトは他の動物では起こり得ない個体保持欲求に反する反応・行動をとることも起こります。集団からの排除感、否定感が昂じると自己の存在意義を失い自殺することすらあります。ヒト以外の動物で自殺をする動物はいないと思います。二次環境の中にあるそうした行動基準となる概念は、それほどにヒトの環世界にしっかり「実在」しているのです。一万円札は印刷された紙片というモノですが、意味を付与されることで貨幣ということになります。国家という言葉は、まさにコトです（モノとコトについての詳細は拙著『ヤドカリ考』を参照）。こうした概念が二次環境の中に、つまり仮想世界の中に「実在」することで、それがヒトの行動に影響を与えるのです。たとえば、現代において社会や国家の行動基準とされている「権利」「自由」「民主主義」は、わずか数百年の間に生まれ育まれた概念ですが、語るヒトによってかなりの相違があり、一義的な明確さを持っていません。しかし、それぞれのヒトがそれぞれの理解の下にこの言葉を使用し、その意味内容を論じ、制度の当否を論争し、さらにはそれを守るために紛争を起こしています。「自己実現」も「人間の尊厳」も、さらには宗教上の深遠な教義も二次環境の中に実在し、ヒトの行動に影響を与えているのです。こうしたヒトの行動基準や価値基準となる概念は、二次環境にあるという理由で、無視されたり軽視されたりするものではありません。考えるべきは、それらが二次環境にあるということ、そして、それらをヒトが行動基準・価値基準、拠り所として行動を起こしている原動力は、ヒトの動物としての欲求に根差しているということをしっかり理解することだと思うのです。その認識のうえで、そうした概念の再確認、再構築がなされるべきだと考えています。ヒトは二次環境を持つことでヒトになっているのですから、ヒトという動物種がより良い状態で存続してゆくという目的に向かって、二次環境の中に実在する物事の危うさ、限界を知ったうえで、それに基づく行動が、どんな欲求から発しているのかを考えなければならないのです。

なお、欲求という言葉は、主に心理学で議論されていますが、ともすると人間中心主義的な発想から語られることが多いようです。心理学者アブラハム・マズローは欲求を、生理的欲求、安全の欲求、社会的欲求、承認欲求、自己実現欲求の5段階に分け、人間は他の動物と異なり最上位の自己実現欲求を持つ特別な存在だと主張しました。この考え方は、20世紀の資本主義社会において、拡大再生産を旨としてヒトを「人材」と把握する価値観が普及する過程で大いに有用な概念となりました。企業にとってより有用な「人材」となることが「自己実現」の在り方だと解釈されるようになったのです。私は、マズローは人間中心主義的考え方、さらにはいわゆる創造説に立っているのではないかと思っています。5段階説はマズローの希望の表明に過ぎないと思うのです。マズロー的発想の上に立ってより詳細に欲求を区分し、それぞれの実現を検討する学説も多く示されています。それらは結果として丸ごとの人間、動物としてのヒトを理解するのではなく、資本の論理に沿った「人材」となることを称揚しているように思えます。命の連綿たるつながりの中でヒトを理解すれば、欲求に上下関係はないのです。

本来欲求は、命のつながりの中で生きてきた動物が、命を繋いでいくために、個体保持行動と種族保存行動を行うきっかけとなるものです。ですから、食欲や性欲といった欲求は最も強い欲求なのです。ところが二次環境を持つようになり、特に農業革命以降、多くの余剰を生むことで巨大化してきたヒトの集団の中では、こうした欲求の素直な発露は、集団内の軋轢を増大させることになりました。欲求のコントロール、集団のルールが一層必要となります。その結果、多くの欲求がより間接的なものとなり、本質が見えにくくなったのです。それだけに、欲求のコントロールのためには、様々な欲求の基本を理解し、欲求の衝突がもたらす痛みや混乱についての共感力を高める必要があるのです。

第3章

法人考

1　法人はどこにいる？

この法人考は、現在の資本主義社会の経済活動が、株式会社を典型とする営利法人という仕組みの発明と拡大に大きく依存していることを踏まえ、その営利法人が宿している基本的な問題点を考えようとするものです。まずヒトの群れ、集団の特徴を述べた後に、営利法人発展の要因を指摘したいと思います。そのうえで、営利法人が持つ課題・問題点を考えることにします。

蜜蜂の集団・コロニーは蜜蜂にとって環世界そのものです。蜜蜂は、その環世界の中で個体保持や種族保存を達成するために役割分担をして群れを作っています。遺伝子は同じなのに与えられた栄養の違いによって、女王蜂と働き蜂がサイズも役割も全く異なる蜂となることで、群れひいては種の存続を達成しているのです。ヒトも類人猿の祖先と分化しヒト属となって以来、やはり個体保持と種族保存のために群れを作って生存してきました。群れの規模や役割分担も環世界の変化に応じて変遷はあったと考えられますが、それぞれ種の存続に役に立つ仕組みを持っていたはずです。それらを規定するのはヒトの環世界、それも一次環境です。他の動物と同じように、ヒト属もヒト属特有の群れを作ってきたのです。そこには群れ、集団はあっても法人はもちろんありません。ところで、別稿・環世界考で述べたように、ヒトは一次環境と二次環境からなる二重構造の環世界を作っています。二次環境はヒトが抽象化能力を発達させ、言語能力を獲得したことにより、ヒトが作り上げた独特の環世界です。そしてヒトは二次環境の中でも様々な集団を作るようになりました。国家も、民族も、そしてこれから述べる法人も、二次環境の中でヒトが作り上げたものです。いずれも仮想世界に実在する群れ・集団なのです。最小限の集団と思われる家族も、家族を拡大した血縁集団、家や氏族なども、農業革命以降生まれた村落共同体も、国家も、それを作る欲求は異なるものの、ヒトが二次環境の中に作り上げた集団です。なお、家族はヒト属（ホモ属）が類人猿の祖先と分岐した時代に配偶システムとして成立した段階では一次環境内の存在ですが、それが遅くとも農業革命以降に制度化されると二次環境の中に存在するようになります。そしてこうした集団も他の集団との関係性の中で、言葉によって名前が与えられることでより明確な輪郭が意識されるようになります。それと同時に、帰属意識も育まれ、自他の集団が意識されるようになります。自然界には境界は存在しないのですが、他の集団を意識する中で境界も作られるのです。わかりやすく言えば、ヒトの頭の中にだけ村境も国境もあるのです。そして、これから述べる法人は「法」という概念が生まれた後の、ごく最近、精々数百年前にヒトが作るようになった二次環境内の存在なのです。

そして二次環境内の様々な集団は、いずれもヒトの欲求、あるいは意識された欲求である目的を実現するために作られます。法人は自然発生的ではなく、まさに目的を実現するために作られた存在です。欲求や目的は様々ですから、法人にも様々な種類があります。営利法人と非営利法人、公法人と私法人、社団と財団等々分類の仕方も多様です。そして「法人」の定義は、「法によって法人格を与えられた組織」とされています。その意味は、ヒトの集団に、一定の組織を持つことを条件に、法人格つまり自然人であるヒトと同じように一定の権利義務の主体となることを認めるというものです。組織とは、内部に秩序をもたらす仕組みを持った集団ということです。そして権利義務の主体とは、その組織に、内部的にも外部的にも、一定の範囲ではありますが自然人たるヒトと同様に扱うことを社会（これも外縁も内容もはっきりしない概念です）が認める、という意味です。その具体的な仕組み、どのような組織となることを求めるのか、どのような権利義務の主体となることを認めるのかも、法人を作る欲求、目的によって異なります。国家も一定の範囲で法人としての位置付けを与えられています。もっとも国家などは法制定以前から存在する概念です。そういう意味では、法律によって法人格をはじめて認められる法人とは異なった存在です。憲法があって国家が成立する訳ではないのです。逆に社会的な集団であっても、法人ではない組織もいくらでもあります。ヒトの集団の中で法人格を認められるのは、あくまで、ヒトの欲求や目的を実現するのに有用と社会が判断し、法律に定めるからなのです。

2　営利法人の目的と行為

株式会社のような営利法人は、経済的利益の獲得を欲求の対象、目的としています。その欲求は、動物としての個体保持欲求、種族保存欲求、優越的地位欲求などが二次環境の中で変化した欲求、典型的には財貨、貨幣への欲求を中心としています。ヒトはそうした欲求実現の手段として、営利法人を作ったのです。営利法人制度は、資本主義の拡大発展、資本の国際化を可能にしている重要な要素です。現代の社会を考える上では、営利法人を理解することが不可欠なのです。

日本の民法第34条は、法人は定められた目的の範囲内で権利を有し義務を負うと記載しています。しかし、少なくとも営利法人についてはこの「定められた目的」という制約は形骸化しています。営利目的を拡大解釈すれば多くの行動が目的の範囲内となります。その一例が、政治献金について、これを「定款に明示された目的に限らず、その目的遂行のために直接または間接に必要な行為をすべて含む」と述べた最高裁判所の判断です。理由付けはいろいろされていますが、法人が、欲求・目的達成のためにヒトの二次環境の中で作られた存在であり、資本の論理を肯定する価値基準が社会に普及すればするほど、営利法人の活動を制約する判断にはならないのです。なお、この判断に従うとすれば、経営者が資本主義を否定する政策を掲げる政党に法人名で献金をする場合は、経営者としての忠実義務に反すると評価されることになるのでしょうか。

そして、この最高裁判所の判断は、様々な法人に、どのような権利の主体となりうるか、どのような義務を負わせるかは、その時代の社会、国民が求める社会像・価値観と密接に関係していることを示しています。なにしろ法人は、仮想世界である二次環境の中に、ヒトがその欲求実現のために作った存在なのですから、その時代状況の中で有用性が認められれば、それに沿った行為が認められるのです。

ところで、法人格を持つということは、具体的にはどういうことなのでしょう。法人は物を買って所有することができます。しかし具体的行動はあくまで法人の経営者や従業員の行動です。つまりそうした自然人の行為を法人という仮想世界の存在の行動と「みなす」ということが法律で定められたのです。それが法人格を持つということなのです。法人が義務を履行する場面でも、具体的行動は自然人たるヒトの行動です。結局、自然人たるヒトと仮想世界の存在である法人との関係をどのように制度化するのかに尽きるのです。最近はあまり聞かなくなりましたが、法人は不法行為をしない、というドグマのような議論がありました。法人の目的には不法行為は当然含まれていないので、法人の機関や使用人である自然人の不法行為を使用者責任などの条文によって法人に責任を負わせる、という理解が普通でした。故意や過失といった主観的要件を法人にあてはめるのが難しいと考えられたことも理由ですが、なにより法人の行動は設立の目的に限られるといった発想があったからでしょう。しかし、法人の活動が社会的に極めて大きな影響を持つようになると、自然人の行為をいちいち介在させずに法人の不法行為責任を認めるようになってきています。法人に属する自然人を介しての責任論は、大きな組織の様々な職務分掌を問題にせざるを得なくなり、実質的に責任追及ができないような事例が増えたことが主な理由だと思います。また、詐欺的商法を行う法人が増えたことも理由の一つと思います。結局、法人の社会的影響力の拡大が、法人の行為と「みなす」範囲を拡大させてきていると考えられるのです。

3　営利法人拡大の仕組み

そして営利法人が営利活動をするにあたっての中心的権利が私的所有権です。別稿・家族考で述べたように、資本革命の基本は、個人たるヒトの私的所有権の承認です。身分や地位、あるいは血縁集団などではなく、個人が個人の活動によって得る経済的利益が個人に帰属することが認められたのです。自らの経済行動の成果を自らに帰属させるという仕組みは、資本の活動を活発にする中心的な要因です。そこでの権利の主体はもちろん自然人たるヒトです。資本革命によって、つまり二次産業三次産業によって生まれる余剰を蓄え、それを増殖する価値つまり資本として利用することが広く肯定・承認されることで資本主義が成立したのですが、資本をより有効に運用する仕組みとして営利法人をヒトは発明したのです。私的所有権という権利が法人に与えられることで、資本の効率は大きく進展しました。

法人に個々のヒトの持つ資本が集積されることで、個々の資本ではできない大きな投資活動が可能となります。スケールメリットが得られるのです。例えばオランダやイギリスの「東インド会社」は、ヨーロッパとインド間の貿易、物資の移動（のちには植民地支配）を活動の目的とするもので、当時としては多額の資金を要し、かつ損失リスクも高い経済行為でした。少数の資本家の資金では実行も困難でした。そこで多くの資本を法人に集めることで大きな事業活動ができるようになったのです。法人が多くのヒトから資本を集める方法はいろいろありますが、主な方法として、出資者と法人との出資契約による方法と、株主制度のように出資者が出資とともに会社の経営者の人事権を持つ方法があります。重要なのは資金を受け入れる主体が法人ということです。個人たる自然人と異なり、法人は、法律により一定の条件を満たすことが必要とされます。株式会社で言えば組織が存在し、資本金があり、どのような事業活動を行うかが明示されています。またその運営に複数の者が関与し、自然人より永続性を持っています。出資をする立場からは、一個人に出資するよりはるかにメリットが大きいのです。

また、営利法人の典型である株式会社については、より資金を集めやすくするとともに、効率的に資金を運用する仕組みとして、所有と経営の分離、有限責任制度、更には株式上場制度などがあります。

所有と経営の分離についてまず考えてみます。中小規模の株式会社では、出資者と経営者が一致ないし密接な関係にあることが少なくありません。しかし資本主義社会への影響や資本のグローバル化の中心を担っているのは大企業ですから、株式会社、それも大規模会社を中心に所有と経営の分離を説明します。多くの投資家が資金を出した法人が、その投資家達自身によって資金運用がなされるとしたら、法人の意思決定は大変煩雑になります。出資者である株主が皆事業運営の能力を持っている訳でもありません。法人に集められた資金を効果的に運用する能力を持つ者に経営を委ねることで、資本はより効率的に運用され、利益を上げることができます。所有と経営の分離の本来の内容はこのような多数の出資者が法人経営を能力ある者に任せるという内容でした。その後、株主・出資者が極めて多数になり、いわゆる大衆投資家が多くなると、株主・出資者は配当と株価だけに関心を持ち、経営に関心を持たなくなります。出資者、投資家は、出資した資金の運用を誰に委ねるのかという人事権を持っていますが、膨大な数の株主が一堂に会して人事を決めることは非現実的です。結局、株価や配当などには関心があるが、具体的人事には関心を持たない者が多くなります。そうなると、法人の経営は経営者の独壇場になり、所有と経営とが隔絶したものになります。20世紀前半のアメリカでまさにそういう状況が起こりました。経営者の独壇場が続くことで、それによる弊害も増えました。その結果、いかに経営者の暴走をコントロールするかが課題となりました。そして、株主による経営者の責任を追及する制度などが法制度化されました。さらには、大衆投資家も、自ら事業法人に直接投資するのではなく、投資自体を目的とする法人に資金を出資するようになりました。いわゆる機関投資家の発生、拡大です。多数の投資家、出資者の資金を集めた法人が事業会社の株主となることが普通になります。事業法人という言葉は、ここでは、いわゆる二次産業（工業、鉱業、建設業など）だけでなく商業、運送業などを含んだ事業を行う法人をイメージしています。様々な物が生み出され、流通し、消費されるという一連の経済活動を担う事業です。機関投資家の経営者は、こうした事業会社の経営を評価し、出資契約で集めた資金を投資することを目的としています。ですから、機関投資家の経営者は、出資者達よりも、事業法人の事業や経営者についての知識も評価能力も優れていることを謳って資金を集めています。機関投資家が台頭することで、機関投資家は投資先会社への関与を強めるようになりました。その結果、事業法人に対する人事権を中心に、所有と経営が近い関係になりました。所有と経営の一致とか、所有ではなく「支配」と経営といった言葉も使われるようになっています。いわゆる物言う株主はそうした機関投資家ですし、更に最近では機関投資家へのアドバイスを業とする営利法人が影響力を持つようにもなってきています。しかし、このような所有と経営の一致とか支配といった議論は、あくまで資本の論理の範囲内での議論です。出資者も機関投資家も事業会社も、全ての行動・事業活動は営利という基準に従っています。つまり、出資者と経営者が離れすぎると経営者は経営者のための経営をするようになり出資者の利益を害するといった議論も、機関投資家による支配と経営の一致という議論も、全て、出資者を起点とする営利という一貫した欲求・目的に従った議論なのです。出資者と経営者の関係をどのように制度化するのかは、ひとえにその経済的利益という基準で決められることなのです。自然人である個人と法人の関係ではなく、あくまで資本の論理を貫徹することを目的とした議論、資本主義経済学の範囲内の議論にとどまっているのです。そうした議論では、法人特に営利法人の持つ基本的な問題点は見えてこないと思います。自然人たる個人は経済的利益を求めるだけでなく、様々な欲求、行動の価値基準、道徳観、倫理観等を持っていますが、営利法人は営利以外の行動原理を基本的には持っていないという点が、問題の基本にあると私は考えています。ヒトは二次環境の中で、営利というシンプルな目的のみに従って活動する存在、いわばフランケンシュタインのような人造人間を作り上げたのです。物語の中のフランケンシュタインは多様な欲求と感情を持ち、もっと人間的ですが営利法人は欲求がシンプルなのです。出資者も元をたどれば自然人たる個人ですし、法人の経営者も実態を見れば個人ですから、営利法人といえども自然人と同様に様々な行動原理を理論上は持ち得るのですが、そうした基準を排除して営利目的に特化したことで営利法人は世界中を席巻するほどの大発展を遂げたのです。営利法人というフランケンシュタインは、シンプルな原理で行動するからこそ世界を覆う巨人になり得たのです。

なお、株式の相互持ち合いや自己株式の取得などは、程度にもよりますが、個人と法人の関係を逆に経営者に収斂させることになります。複数の営利法人の株式がその営利法人の間だけで相互に所有されると、株主権行使は各経営者によって行われることになります。また、自社の株式を全て会社所有にできるという制度になれば、株主は事実上いないことになります。所有者が消えることで所有と経営の一致が生まれるということです。経営者が一人株主であるという場合と同じになります。株式の相互持合いや自己株式の取得といった方向は、投資機会の拡大こそ資本主義の進む方向だとする考え方からすると、否定されるべきことになります。株式の相互持ち合いなどに注目して法人資本主義という言葉で、その状況を否定する議論もあります。資本の論理の貫徹、資金運用の機会の拡大こそが資本主義のあるべき方向だとする考えに立てば否定論は当然ということになります。

さらに、このような所有と経営の分離を加速させ、営利法人拡大に寄与しているのが有限責任制度です。有限責任とは、出資者である株主は、株式会社が負担することになる様々な責任を負担しないという制度です。責任の限度は出資金を失うということで、それ以上の責任は問われません。株式会社が事業に失敗し、出資金をはるかに超える負債を負ったとしても、株主は株式の価値がなくなるリスク以上は負担しないのです。いわば、リスクは限定され、利益は無限定なのです。多くの資金を集める上で大変好都合な仕組みです。もちろん法制度上はこうした有限責任制度を採らない法人もありますが、法人制度の中心は株式会社に代表される有限責任会社なのです。さらに、資金を集めやすく、かつ効率的に運用するために、株式という形で保有する資金を容易に換価できるように株式上場制度が作られました。株式を商品として自由に売買することのできる市場が発展し、今や資本主義社会の主要な仕組みの一つとなっています。このような様々な仕組みによって、営利法人は巨大となり、営利の目的の下、国境を越え、資本自体も、対象市場も国際化してきました。営利のためには国によって異なる制度は資本の効率化を妨げます。出資者の立場から、資金の効率的運用を確認できる法人制度、特に営利法人の経営内容を示す会計制度や、そのチェックつまり会計監査や業務監査の仕組み等の充実が求められます。営利法人の活動が国際化すれば、その仕組み自体も国際的標準、グローバルスタンダードになることが求められます。現在の営利法人を取り巻く制度の変更は、この流れの中にあります。労働市場も消費市場も投資市場も国境を越えてきています。特に巨額の資金を運用する機関投資家や巨大な企業の資金は、いまや中小の国家の予算規模をはるかに超えています。その巨額な資金が、営利のみを指標とする経営者によって運用されているのです。資本の論理は、資本の活動を制約するルールの撤廃を求め、活動ルールの世界的統一を図るのです。資本の論理にとって、国や民族、文化などはそれが欲求の創出つまり経済的価値の創出に寄与し営利につながる限りで意味を持つからです。

このように営利法人制度は、様々な仕組みを導入することで、より活発に資本が国境を越えて活動する状況を生み出しました。その結果、経済的利益の追求という資本の論理が社会全体を席巻し、経済的発展とともに、今や、国も国際社会も大きな課題、矛盾を抱えるようになったのです。

なお、先述した自己株式取得や株式の相互持合い、あるいは従業員持ち株制度の拡大などを意図的に行う会社も少数ですが存在します。投資家ではなく会社の経営者と従業員が株主となる試みです。投資家による会社の所有や支配を否定する方向の試みです。資本のグローバル化の流れと異なる、会社は誰のためにあるのかを問う試みだと思います。

4　営利法人がもたらす課題

営利法人は資本主義社会の主役であり、今や経済のみならず政治的にも国や社会の方向を決める存在になっています。

資本主義社会のリーダーの多くは、この営利法人の運営能力に長けた者達です。大きな政治的影響力を持つ経済団体の構成員は、そうした営利法人の運営能力を評価された者です。もちろん経営者個人は自然人で様々な行動基準を持っていますが、社会的に評価されたのは営利法人の経営能力であり、資金運用能力なのです。本質的に営利以外の行動基準を持たない法人の活動は、個人の様々な価値基準・行動基準を持ち込まずに、営利という基準だけで行動することで、活動を活発化させ、より巨大化することになったのです。

そして政治体制はともかく、資本主義経済が普及した社会の評価基準として用いられる指標が国内総生産（GDP）です。一国の経済力や成長は、商品やサービスの付加価値の合計であるこの指標で測られ、その拡大こそが経済政策目標になっています。別稿・家族考でも述べたように、この指標は、資本が流動化し付加価値を膨らませることを評価するもので、それ以外の価値を示すものではありません。しかし、この指標で測れる経済の拡大こそが全てであるかのような意識が普遍化してきているのです。そこでは資本の論理以外の様々な価値も、資本の論理で測られ、資本の論理の中に組み込まれていきます。様々な文化、科学的研究や成果、芸術、スポーツなど、ヒトの営みの多くが資本の論理の中で経済的価値という物差しで測られ、資本の活動の中に組み込まれてきました。資本主義の社会では圧倒的多数者が営利法人との関係の中で生活をしています。いまや営利法人の存在と活動は空気のように所与のものになっています。しかし、決して所与の存在ではなく、暴走しつつあるフランケンシュタインかもしれないのです。そして、暴走のリスクがあると考えるのは、営利というシンプルな行動原理がこのフランケンシュタインの唯一の基準だからです。

懸念を抱くことになったいくつかの例を述べます。消費者被害という言葉が広く使われるようになったのは、日本ではわずか50年程前からです。資本主義社会の発展とともに、事業者と消費者の商品やサービスに関する情報等の格差が大きくなり、かつ商品であるサービスや物品に問題があれば不特定多数の消費者に被害が発生するという構造が常態化するようになりました。それは一個人と事業者の契約などの問題ではなく、社会構造の中でまさに社会問題として対応を求められる状況なのです。そこでの事業者のほとんどすべてが営利法人です。消費者被害が起こってからいくつもの消費者保護関係の法律が制定されていますが、常に多くの深刻な被害が発生した後に制定されています。製造物責任法は1994年に、消費者契約法は2000年にようやく成立しました。いわゆる詐欺商法の会社は論外ですが、まともな営利事業を行っていても、営利を基準とする競争的事業活動を続ける中で、販売方法も商品も次々と変化し多様化しますから、社会問題となる消費者被害は常に起こりうるのです。高度経済成長の最中、多くの公害問題も起こりました。そして、ヒトの生活圏を超えて、深刻な環境破壊も現在進行中なのです。また、資本の論理に従った営利法人の活動はさらなる格差を生み出しています。国際的格差については別稿・格差考でふれますが、差異、格差こそが営利活動のエネルギーである欲求の生まれる場所なのですから、格差のない社会は資本の論理とは矛盾した社会なのです。そして、こうした多様で深刻な社会問題すら、資本の論理は新たな欲求が生まれる状況ととらえて活動の中に組み入れていきます。ヒトの経済的欲求は大変大きなものであることがわかります。これからの問題は資本の論理だけでは対応できない問題が拡大することです。営利を無視し、あるいは抑えて営利法人が活動できるのか試される時代がやってきているようです。資本の論理の貫徹が結局は営利にとってマイナスだという価値基準、あるいは営利以外の価値基準を営利法人というフランケンシュタインに吹き込むことができるかどうか問われ始めています。それができなければ営利法人以外の仕組みを立ち上げなければならなくなります。ささやかにではありますが、非営利法人（ＮＰＯ）や災害ボランティア、広義の慈善事業などの活動が広がっているようです。また、近時ＳＤＧ´ｓ（持続可能な開発目標）やＣＳＲ（企業の社会的責任）等が企業の行動基準に持ち込まれるようになってきています。もっとも年々評価される目の前の利益を犠牲にするような基準にはなりませんから、意義はありますが、フランケンシュタインの新たな行動基準にはなかなかなりそうもありません。環世界考でも述べたように、どこまで法人の行動基準に新たな基準を盛り込むことができるかが問われているのです。

第4章

格差考

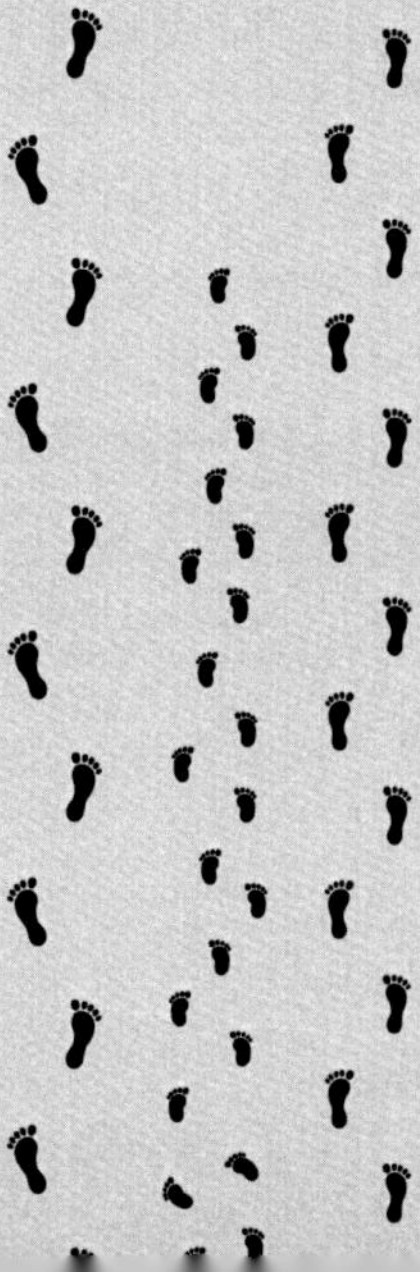

■食料の商品化と国際的格差の拡大

資本革命によって、食料は商品となりました。食料が商品となったということは、商品が資本の論理に沿って生産され流通し、貨幣に交換される社会になったということです。そうなることで、食料はより売れる商品となることを求められ、多様な変化をするようになりました。差異が価値を生む仕組みの中で、いわゆる付加価値がある物が開発されるようになるのです。一方商品となることで生産者自身の食料とは無関係に、よりコストを抑えて大量生産をすることが行われるようになりました。商品化した食料は、生産上のリスク、流通上のリスクにより一層晒されることになります。特に特定の農産物を大量生産する場合、天候不順は生産者の収入を枯渇させ生活を直撃します。また、豊作になりすぎても価格の暴落により収入が減少します。流通コストとのバランスが取れないと、廃棄することも起こります。さらに商品として国際化した食料は、国際間の様々なリスクに直面します。為替相場の変動、物流費の高騰、国際紛争など、世界の中心的

「食糧」となる農産物であればあるほど、こうしたリスクに振り回されます。食糧が戦略物資にもなるのです。狩猟革命以来資本革命が始まる時代まで、ヒトの社会は自給自足的な社会が基本的な形でしたが、今や、自給自足的社会は少なくなり、商品化した食料に世界中が影響を受ける時代になっているのです。

現時点ではいわゆる発展途上国に、多くの安価な労働力が存在し、あるいは資本主義経済を浸透させることで消費市場となりうる国々が存在しています。グローバル化した資本は、そうした安価な労働力のある地域、あるいは消費市場となりうる地域に進出していきます。それは、その資本がこれまで活動していた国に対しても、資本の海外流出という意味で大きな影響を与えますが、進出先の国にはもっと大きな影響をもたらします。それは、進出先のそれぞれの国の産業構造や法制度を資本の論理によって変えていくことになるからです。たとえば、一次産業中心の国において、安い労働力を利用する工場などが進出していくと、その国の中で、一次産業から二次産業・三次産業への労働力の大移動が起こります。あるいは農業自体を資本の論理に基づく産業（つまり農産物の商品化）に作り替える、といったことが起こります。一次産業中心で自給自足的な経済構造を持っていた国では、先進国向けの商品となる農作物や畜産物のための農業・畜産業に重点が置かれることになり、自国民の食料生産が減少し、自給自足ではなくなります。商品化した作物などを売却した対価で、食料を含めた多くの生活物資を外国から得ることが必要になります。賃金を得た労働者は都市化した地域で、新たなより多様な生活物資に囲まれた生活を求めるようになります。そうした国々は、干ばつや洪水などの気候変動による農産物や畜産物の凶作だけでなく、国際間の要因による商品化した作物価格の暴落、あるいは、国家間の紛争などによる物流の停滞、為替レートの変動など、様々な要因で、たちまち国中が飢餓などに見舞われる脆弱な国になってしまいます。さらには、こうした国に国際的な資本が入ることで、資本の恩恵にあずかる一部の者と圧倒的多数の貧しい者という格差が生まれ拡大します。その国の「恩恵にあずかる者」のさらに上で恩恵を享受するのはグローバル化した資本ですから、その国の貧しい者は、ますます貧しくなるということになります。産業革命が格差社会を生んだのと同じ現象が、もっと激しい形で現れることになるのです。いままさにアフリカなどの国々で起こっている現象です。食料危機に関する国連の２０１９年の報告書によると、十分な食料を得ることができない飢餓人口は、世界で８億２０００万人と推計されています。世界の食糧生産量は、世界中の人が必要とする量を超えていますが、世界の９人に一人が飢餓に苦しんでいるのです。そして、その多くは経済成長が遅れている国、「特に中所得国」で一次産品貿易に大きく依存している国に顕著な状況であると報告されています。中所得国ということは、グローバル化した資本によって産業構造がある程度変化した国ということになります。そうした国では、自国の従来からの食料生産が衰退し、輸出を予定した商品の生産に依存した経済構造に変化したために、わずかな要因でたちまち飢餓が起こるようになっているのです。一方先進国では膨大な食糧が廃棄され、必要以上のカロリー摂取による肥満や、病気が増加しています。食糧危機の対策について、国連の報告書では、先進諸国の食糧廃棄問題を含めた食糧の過剰消費の是正を挙げるとともに、発展途上国における食糧の保管、加工、物流システムの改善などが示されています。しかし、国連の報告書において、食糧危機は「経済成長が遅れている国」の現象だとしていますが、少しとらえ方が不十分ではないかと私は思います。問題が起こっているのは、グローバル資本によって「脆弱な産業構造になった国」というべきではないかと思うのです。その国が脆弱になったのは、資本の論理によって経済構造が変化したことによるからです。資本の論理は、その進展拡大によって、はたして、全世界の国々を現在の先進国の状態にすることができるのでしょうか。資本の論理に忠実であれば、貧富の格差や、安い労働力の発生はむしろ当然の現象ではないでしょうか。資本の拡大再生産の基本となる価値は、差異の中から生まれるからです。先進国のリーダーで国富も世界一であるアメリカは、その過半の富を2パーセントの人が支配しているそうです。貧富の差からいしいと最も格差の激しい社会の一つかもしれません。しかし、アメリカの最も貧しい人たちも、先ほどの中所得国の平均以上の豊かさを維持できているために、格差による社会的混乱が焦眉の急とはなっていないのです。むしろ、中所得国や発展途上国からのアメリカへの移民が問題となっているのです。なお、社会における所得の格差を示す指標としてジニ係数というものがあります。全ての人の所得が同じであればジニ係数は0ですが、格差が大きくなるにつれて1に近づく数字になります。ジニ係数が0・4を超えると社会が不安定になるといわれていますが、アメリカはすでに0・4を超えています。

資本はグローバル化することでますます巨大なものに成長しました。巨大化した資本はそれ自体が国際資本として資本の論理に忠実に世界中で活動していきます。資本の論理に忠実な投資資金運営企業は、中小国のGDPをも超える巨額な資金を扱うものとなっていますし、その動き一つで一国の経済が振り回される事態も起こるようになりました。1997年のアジア通貨危機の引き金は、国際的な機関投資家によるタイ国通貨の大量空売りでした。

また、前述したように、資本のグローバル化とは、資本の活動範囲の拡大であるとともに、資本自体の多国籍化、無国籍化でもあります。まだ現状は多くの企業が一国の中に帰属しているように見えます。多くの企業が本社所在地で、どこの国の会社とイメージされています。しかし、その支配権者である株主構成を見ると、単純にどの国の企業かわからない会社も多くなってきています。日本でもいわゆるバブル経済の崩壊以降は、グローバル化した資本が大量に流入するようになってきています。資本の国際化は、企業の国際化であると同時に無国籍化でもあります。タックスヘイブンなどは、そうした資本が国という枠組を超え、どこの国にも属さないという意思表示のようにも見えます。

もっとも、このグローバル化した資本の動きに対して、国家のレベルで反対の動きも現れてきたように思われます。世界は言語も文化も異にする多様な国家で構成されています。ヒトはそれぞれの生まれ落ちた集団のなかで、言葉を獲得し、文化を身につけて成長します。その集団の最も大きなものが国家ですが、資本の論理によるグローバル化がもたらす負の部分は、そうした民族や文化と衝突することが多いのです。もともと、資本革命以前はそれぞれの国が村落共同体を基礎とした一次産業中心の社会構造・経済構造を持っていました。1万年余り前の農業革命以降、ヒトが作り上げてきた民族、文化などはこうした村落共同体のような基礎集団の存在を前提にしていました。しかし、資本革命とそのグローバル化は、そうした社会構造、集団の在り方を大きく変えつつあるのです。別稿・家族考でふれた家族という配偶システムも変化しつつあります。

そして国家を超えた資本の活動は、労働力の流動化、国際的なヒトの移動をもたらします。そこでは、まさに民族や文化の軋轢がより顕在化します。その典型が移民問題です。より安価な労働力を求める先進国の資本の論理によって、まずは発展途上国などから先進国への安価な労働力の移動が起こります。人数が少ない段階では問題は表面化しません。人数がある程度増加しても、その国の経済発展が続いている状況では、移民はその国の低所得層を構成し、軋轢は顕在化しません。しかし、経済成長が鈍化し、自国民の低所得層の所得と移民の労働の対価の差異が少なくなると、その国の国民、特に中低所得層の不満が蓄積し軋轢が顕在化するようになります。中低所得層は国民の大半を占めています。その結果起こり始めているのは、移民排斥、保護貿易主義、自国第一主義等の動きです。安い労働力を大量に受け入れる政策は、自国民と異なる宗教を含めた文化、言語、異なるアイデンティティーを持つヒトの集団との共存を覚悟しなければならないのです。同化政策は多文化の否定です。資本革命とそのグローバル化をなかったことにすることはできません。そして資本の論理はヒトの欲求の中でも強い基本的欲求に沿っているのですから、これを単純に否定してもあまり問題を克服することにはなりません。ヒトという動物の行動や欲求の仕組みを深く考えたうえで、資本の論理に欠けているものを確認し、その修正を考える必要があると思うのです。

第5章

ドーキンス考

1

利己的遺伝子やミームなどで知られる生物学者リチャード・ドーキンスは、「神は妄想である」を著し、科学的精神こそが普遍的、合理的であるとして、超自然的な人格神などを基にした宗教を否定しています。この本は、西欧ではベストセラーとなり、宗教者や神学者などと激しい論争を巻き起こしたそうです。ガリレオ・ガリレイの例もあるように、西欧においては、科学と宗教の激しい対立は数多くあります。それは、キリスト教の考え方、価値観が圧倒的であった西欧において、科学が発達し、様々な科学的成果が生み出されてきたことによります。2千年近いキリスト教の支配がないところで科学が発展したのであれば、これほどの軋轢は生まれなかったかもしれません。しかし、一方、キリスト教の存在が科学を発展させたとも考えられます。一神教、そして教会による圧倒的な世界解釈、つまり世界の始まりから終わりまで、人間の存在意義、人間の多くの行動指針について、神の名のもとに作り上げられた壮大な体系があったからこそ、その矛盾も明確となり、それが科学の発展を促したのではないかと思います。

「荒野の宗教・緑の宗教」という本がありますが、キリスト教やユダヤ教、イスラム教は荒野の宗教とされています。この本のように宗教を二分類することで、その特徴を把握する試みは、これまでにもありました。この本の著者の、報復から共存へ、という発想には大いに共感するところがありますが、どちらの宗教がいいのかという議論は、それぞれの宗教の中にどっぷりつかっている人にとっては不毛の議論です。宗教をどう定義するかにもよりますが、どの民族も様々な形で広義の宗教を持っているという事実は、個々の宗教の特質とその功罪の理解を超えて、「なぜ、人は宗教心・信仰心を持つのか」という問いを発しなければならないことを示唆しているのです。

2

動物は個体保持行動と種族保存行動をとることで連綿と命を繋いできていま

す。人間も動物の一種として、食料獲得と危険回避から成り立つ個体保持行動と雌雄の出会い行動と繁殖行動、そして保育行動で成り立つ種族保存行動によって種を存続させてきています。こうした行動はそのような行動を起こす動物的な欲求を基礎にしています。さらに人間は群れを作ることでこうした行動がより効果的に機能するようになっています。しかし、人間は数百万年の変化の中で、他の霊長類、類人猿と異なり、抽象化能力を発達させ言語能力を獲得することによって、私の言葉で言えば二次環境（環世界考参照）を持つに至り、他の動物と異なった変化をしてきました。そこで得たものは「知らない世界」の存在、つまり「不可知世界」の存在を「知る」ことでした。

人間は生きている限り、様々な困難や苦痛に直面します。しかもその多くは原因も理由もわからない出来事です。個体保持や種族保存が困難となる様々な出来事に直面し強く不安や怖れを抱きます。人間以外の動物も同様の困難に直面し危険回避行動の起点となる恐怖感を持つと思います。しかしそれらは基本的にはその場その場の情動です。人間が他の動物と違うところは、抽象化能力と言語の獲得によって、困難を理解し、その原因や理由を知り納得することで、次に備えたり、安心を得たりする行動をとることができるようになった点です。人間の思考という行動も含めてですが、こうした行動が起こるのも、人間が二次環境を持ったからなのです。そして困難や不安を回避し、回避できなければ、二次環境の中で不安や怖れをもたらす原因を知り、少しでも安心を得ようとします。困難を回避し安心を得ようとするその欲求は本来動物としての欲求ですが、不可知世界を知った人間は、その理由や原因を不可知世界に求めることになったのです。認識し理解できる世界は常に限りがあり、認識には地平線があります。空間的地平線のみならず、記憶の順序を認識することで時間感覚が生まれ、過去、現在、未来を知ることで未来という不可知世界を認識することになりました。そして人間にとって未知の世界は、不安の対象であり源泉であると同時に、人間の世界に起こる様々な出来事の原因や理由をその未知の世界に結び付けて理解し、安心や困難回避をすることができる世界なのです。森の奥にも高山の頂にも精霊が宿り、海の向こうには異界が広がり、神仙が住んでいると思うのです。明日という未来は精霊や神が支配する世界であり、未来は精霊や神々が存在することで人間にも理解可能な世界となるのです。人間の現実世界には様々な苦難、悲しみが起こります。天災、飢饉、病、死、等々の原因・理由を説明し納得することで、それらの苦痛・悲しみを克服したいという心の動きが生まれるのです。それが宗教心・信仰心の発生だと思います。そして宗教はこうした不安や苦しみの理由・原因を説明し、人間に行動の指針を与えることで、大いに重要な機能を果たしてきました。ある宗教が、人間の行動のどの範囲までの指針を示すかは、その宗教がどこまで包括性を持った体系を構築しているかによりますが、どの宗教もすべてをカバーしているわけではありません。宗教がカバーしていない多くの行動、とりわけ日常的な行動の多くは、意識されないことも多いその他の様々な価値基準、価値観や行動指針を基にしています。その多くは群れ・集団の中の自分の位置づけを意識したものです。しかし、なぜ地震が起こったのか、なぜ家に雷が落ちたのか、なぜ私の家族が病になったのか、なぜ死んだのか、誰も答えてはくれません。宗教心はそうした人間の基本的かつ深刻な怖れ、不安、苦悩の意識が生まれるところに発生するのです。そして、二次環境の中で生まれたこうした苦悩を解決するのは、やはり二次環境の中に存在する精霊や神々といった「不可知世界の中の権威」なのです。そして、注意すべきは、不可知世界の権威にすがる人間に対してその権威が出す答えは、人間の問いの反射だということです。人間の基本的欲求から発した問いもその答えも全て二次環境の中に存在するからです。

こうした見方からは、リチャード・ドーキンスの神の否定は、「科学的精神の普遍性・合理性」を神に置き換える試みと解釈できます。しかし、科学的精神のもたらす知識や科学技術も、もちろん万能ではありません。科学的知見にも常に未知の世界、知の地平線があり、人間の苦悩を消失させることはできないからです。なにより「科学的精神による人間の行動」と呼ばれる行動を支配しているのは動物としての基本的欲求です。知的好奇心は、元々それによる結果や成果が人間にどのような影響をもたらすかを予測していません。科学的精神が人間にもたらした成果が人間に納得と安心を与えるとは限らないからです。さらには科学的能力が優れていても、その能力を自らの優越的地位欲求、社会的な評価、名声を求める欲求に従って発揮している場合も多いのです。

もっとも、私自身、近代合理主義や科学的精神に基づく教育を受けて育ってきた者ですから、それを超える価値基準を持っているわけではありません。しかし、宗教を科学的合理主義で非難するだけでは、不十分なのです。なぜなら人間はいわゆる安心立命を求めていて、現在の「科学的精神」は人間の行動の一部に指針を与えているに過ぎないからです。宗教がカバーしてきた多くの分野で安心立命の根拠を与えるには、今の科学的精神の普及だけでは足りません。また、科学的精神自体が動物的欲求の赴くままにその進路を決めているという現実も認識しなければなりません。科学技術の進展は人間に安心立命をもたらして人間を幸福にするとは限らないのです。あわせて知の地平線は常にあることを自戒しなければならないと思うのです。

3

群れを作ることによって個体保持も種族保存も効率的に達成することを主として生きてきた人間にとって、群れつまり集団の中に位置づけを得ること、そしてより優位な位置づけを得ることは極めて基本的な欲求です。自意識とか自我といわれるものも、集団と個との関係の中で初めて存在します。ですからまずは他の個体から存在が認められることが最低限の欲求となります。他の個体から全く無視され存在を否定されれば人間は生きてはいけません。そして、存在を認められるとしても、集団の中でどの程度優越的存在と認められるかが次の欲求となります。

ここで言う集団には、人間が二次環境の中で作り上げた重層的に存在する様々な集団が含まれます。それらの典型が国や会社です。人間以外の動物には存在しない集団がほとんどです。それぞれの集団の規模も組織性の程度も多様で、それに加えて集団相互の関係性も複雑さを加速させます。その複雑さの中で人間は、存在を認められ、かつ少しでも優越的地位を得ようという欲求を持って行動しているのです。人間の不安や苦痛は他の動物のようなシンプルなものではありませんん。なぜなら、存在を認められかつ優越的でありたいという多くの集団自体が人間の二次環境の中にしか存在しない集団だからです。仮想世界に実在するこうした集団は、いずれも人間相互の様々な約束事、共通の理解を前提に成り立つ、いわば変動する人間の関係性そのもの、私の言葉で言えば動的な「コト」なのです。それ故に他の動物と比べてはるかに複雑な困難や苦痛を人間は持つようになっているのです。二次環境のもたらしたこのような困難や苦痛は、二次環境の中で解決するしかありません。そこで人間はその解決のために何らかの、かつ複数の「拠り所」つまり「寄る辺」を必要としているのです。「寄る辺」を見つめなおすことは、自らの足元を不安定にする行為でもありますが、それを克服しなければならないのです。

あとがき

この本は、ヒトが少しでも幸せに、継続的に存続する動物となるための試論の一つです。悩ましいのは個と集団の関係です。動物は、個体が持つ欲求に基づく行動が、結果としてその動物種つまり全体の存続につながる仕組みを持っています。欲求はその動物の環世界で生まれますから、環世界の変化は欲求ひいては行動の変化をもたらします。個体の行動が種の存続に寄与しなければその動物は滅びます。ヒト以外の動物は個々の個体のいわゆる本能ないし遺伝子情報に従った行動が、種の存続につながる仕組みとなっています。しかし、ヒトは二重構造の環世界を持つことで、欲求を変化させ、行動も変化させてきました。その結果、個体の欲求とそれに基づく行動が必ずしも種の存続につながらない可能性が生まれたのです。ゲーム理論の中に囚人のジレンマというゲーム・議論があります。いくつかの前提条件はありますが、個々のヒトの最善の選択が、全体としての最善にならないというジレンマが存在することを示しています。この考えによると、ベンサムの功利主義の発想、個々人の最大幸福の総和が社会の幸福だとする発想は成り立たないことになりそうです。もっとも、あまり意識されていない気がしますが、ゲーム理論の大前提は、ヒトは結果を予測し評価して行動を選択する存在だということです。ヒトは本能や遺伝子情報に従って行動するものではないということが、ゲーム理論の大前提なのです。本当にそうなのかは検討の余地があると思いますが、ヒトは二次環境を持ち不可知世界を知ることで行動の選択をするようになったと一応は考えられるのです。ヒトの欲求や行動が、本能や遺伝情報にストレートに従った欲求や行動とならないということから、個々のヒトの欲求に沿った行動が集団にとって最悪の結果を招く可能性があるということなのです。個々の欲求の充足つまりは幸福感を追求することが集団にとっての不幸になりうるのです。ヒトがそうしたジレンマを克服するには、個々が問題・課題をよく理解するだけでなく、集団の多くの構成員の共通の理解となる必要があると考えられます。囚人のジレンマの一つの解決策は、囚人相互の情報交流、コミュニケーションとされています。ヒトの欲求や行動の由来・原因を深く理解し、その理解が集団の多くの構成員に共有されることが必要なのです。この本の目的はそこにあります。

この本は前著「ヤドカリ考」（清風堂書店）での議論を、現実的な課題にあてはめてみたものです。現実的な課題として取り上げたのが家族です。そして、言葉の定義論を避けて、ホモ・サピエンスという動物が種として現存しているという事実から出発して、その始まりと変化を考えようとしました。家族考の前提となる環世界についての議論は実質的には前著の趣旨を少し敷衍し、読みにくいと言われた前著に比べ、いささか読みやすさを意識しました。原稿の最初の読者は妻ですが、少しは読みやすいが、いくつも繰り返しがあり、結論もはっきりしない、と厳しい意見をもらいました。私自身いまだ結論、特に具体的対応策などについては分からないところが多いので、この批判は甘受せざるを得ません。視力障碍を得たことで新しい知識入手や情報の更新が困難になってきたため、いわば未完状態であることを承知の上で出版することにしました。あとがきをまず読んで全体を読むかどうか決めるという友人も含めて、少しでも多くの人に読んでもらえたら大変有難いです。

著者　松葉　知幸（まつば　ともゆき）

1951年　鹿児島県生まれ
京都府立洛北高等学校卒　京都大学法学部卒
弁護士
1978年　弁護士登録（大阪弁護士会）
1981年　松葉法律事務所開設
2015年　大阪弁護士会会長　日本弁護士連合会副会長

カバー・表紙デザイン
NON design 小島トシノブ

家族考【家族の500万年史】

2023年8月30日　初版　第1版発行

著　者　松　葉　知　幸
発行者　面　屋　　　洋
発行所　清　風　堂　書　店
〒530-0057　大阪市北区曽根崎2-11-16
TEL　06（6313）1390
FAX　06（6314）1600
振替　00920-6-119910

制作編集担当・西野優子

印刷・製本／㈲オフィス泰

ISBN978-4-86709-027-5